LA FUERZA DE SHECCID

CARLOS CUAUHTÉMOC SÁNCHEZ

LA FUERZA
DE SHECCID

UNA IMPACTANTE
HISTORIA DE AMOR CON
MENSAJE DE VALORES

Ediciones Selectas Diamante, S.A. de C.V.
Libros que transforman vidas

LA FUERZA DE SHECCID

IMPORTANTE:

En la portada de todos los libros "La Fuerza de Sheccid", debe estar el holograma de autenticidad, dorado, tridimensional, con la figura de un diamante, exclusivo de los libros originales. Si este volumen u otro no lo tiene, favor de dar aviso a la P. G. R. o a Ediciones Selectas Diamante, reportando el lugar en donde lo adquirió.

IMPRESO EN MÉXICO
PRINTED IN MEXICO

Portada: *"Ossian Evokes Spirits"*. Baron Francois (1810). Gérard,
   Kunsthalle, Hamburgo.

Diseño de Cubierta y Formación: J. Jorge Sánchez Noguéz

Esta obra se terminó de imprimir en julio del 2002
en los talleres de Imprentor, S.A de C.V.
ESD-09-7-M05-60-20

ÍNDICE

Nota preliminar

Éste es un libro de adolescentes.
Se basa en una fuente **cien por ciento verídica**.
Debo aclarar, sin embargo, que la redacción original ha sido corregida, el estilo literario se ha pulido y las disquisiciones en torno a varios tópicos quizá no correspondan a los escritos de un adolescente, pero **la esencia de las ideas se ha dejado intacta**. *Lo más interesante de la presente obra es lo distinto que puede verse a los jóvenes desde esta perspectiva.*

Estoy convencido de que muchas cosas en el mundo cambiarán **solamente** *cuando los jóvenes se atrevan a perseguir sus anhelos con fe y coraje.*

Acompáñeme, querido lector, a una aventura en la que, junto a los personajes, reforcemos nuestros ideales, impugnemos la injusticia, la corrupción, la doble moral y nos unamos a la búsqueda urgente de una ética con la cual poder triunfar en esta época moderna.

Carlos Cuauhtémoc Sánchez

Cuando supiste que planeaba escribir la cuarta versión de este libro, me sugeriste que modificara cuanto quisiera excepto la dedicatoria original.

Me pareció un trato justo:

"Tomado de tu mano inicié mi aprendizaje en la vida. Ahora casi todo lo que soy se lo debo a tu ejemplo de tenacidad y valor.

Por haber sido siempre mi más dilecto y respetable amigo, este libro es tuyo, papá..."

Hubo tres personas que creyeron en mí cuando nadie creía. Cada una, a su manera, me ayudó a entrar, realmente, al mundo de las letras:

ANTONIO MORENO,
JOVINO NEVAREZ
y **LUIS CASTAÑEDA.**

Les envío, muchos años después, un fuerte abrazo de gratitud y afecto sincero.

1

EL AUTOMÓVIL ROJO

Llevo veinte minutos de caminata sobre el pavimento mojado cuando un moderno automóvil rojo se detiene junto a mí.

—¡Hey, amigo! —el conductor abre la ventana eléctrica—. ¿Sabes dónde se encuentra la Escuela Tecnológica?

—Claro —contesto—, de allá vengo. Regrese por esa calle y después...

—No, no —me interrumpe—. Necesito que me lleves personalmente. Como un favor especial.

Titubeo un poco, aunque sé lo que debo contestar.

—Discúlpeme, pero lo más que puedo hacer es indicarle dónde está.

La ventanilla de atrás se abre y aparece el rostro de un compañero de mi salón.

—¡Ratón de biblioteca! No tengas miedo, sube al coche... El señor es profesor de biología y vende algunos productos para jóvenes. Quiere que lo llevemos a la escuela. Anímate. Acompáñame.

—¿Qué productos?

—Sube, no seas cobarde. Ya te explicará él...

—Pe... pero tengo algo de prisa. ¿De qué se trata exactamente?

—Es largo de contar —interviene el hombre—; te interesará. Además, al terminar la demostración te daré algo de dinero.

Por la promesa económica, pero sobre todo por la evidente decencia del profesor de biología, la belleza del automóvil y la mirada confiada de mi compañero de escuela, accedo a subir. Es impensable que un hombre tan pulcramente vestido y de tan fina expresión pueda tener malas intenciones.

Desgraciadamente cuando me percato de mi error de apreciación ya es demasiado tarde.

Un viento helado silba en la ranura de la ventanilla haciendo revolotear mi ropa. Presiono el botón eléctrico del vidrio pero éste no se mueve. El hombre ha activado el seguro bloqueando las ventanas.

—¿Cómo vas en la escuela?

—Pues bien... muy bien.

—No me digas que te gusta estudiar.

Le miro a la cara. Conduce demasiado rápido, como si conociese perfectamente la colonia.

—Sí me gusta; ¿por qué lo pregunta?

—Eres hombre... supongo. Aunque te guste estudiar, piensa. Seguramente no te gusta tanto y el trabajo que te voy a proponer será mucho más satisfactorio. Algo que le agradaría a cualquier hombre.

—¿El trabajo? ¿Cuál trabajo? ¿No es usted profesor? ¿No vende productos? Mire... la escuela es por allí.

—Ah, sí, sí, lo había olvidado, pero no te preocupes, conozco el camino.

Percibo un sudor frío. "¡Estúpido!", me repito una y otra vez. He sido engañado fácilmente. Me doy la vuelta en el asiento para ver a Mario, pero éste parece encontrarse en otro mundo. Hojea lentamente unas revistas con la boca abierta.

—No te asustes, quiero ser tu amigo —el hombre sonríe y me mira rápidamente; de lejos, el saco y la corbata le ayudan a aparentar seriedad, pero de cerca hay definitivamente algo anormal y desagradable en su persona; es ligeramente bizco, tiene el cabello lacio y grasoso—. Confía en mí, no te obligaré a hacer algo que te desagrade.

—Regréseme adonde me recogió.

—Claro. Si no eres lo suficientemente maduro para el trabajo te regresaré, pero no creo que haya ningún problema; supongo que te gustan las mujeres, ¿o no?

El hombre acelera; parece no importarle conducir como un demonio en plena zona habitacional. Estoy paralizado. Si sufrimos un accidente tal vez pueda huir, pero si no... ¿Adónde vamos con tanta prisa?

—¿Alguna vez has visto desnuda a una muchacha? No creo, ¿verdad? Y nunca has acariciado un cuerpo, ni lo has besado, ni lo has... —el hombre suelta una carcajada, hace un gesto obsceno y agrega—: Mario, pásame una revista para que la vea tu amigo.

Mi compañero escolar obedece de inmediato.

—Deléitate un poco con ella. Es una ocupación muy, muy agradable... —la portada lo dice todo—. Vamos. Hojéala. No te va a pasar nada por mirarla.

Abro la publicación con mano temblorosa. He visto en otras ocasiones algunos desnudos, incluso revistas para "adultos" que mis compañeros escondían como grandes tesoros, pero jamás algo como esto... El sentimiento del hombre, degradado hasta el extremo, extiende sus límites en mis manos. Me siento confundido. Toco las fotografías con las yemas de los dedos; son auténticas; estas personas realmente fueron captadas por la cámara haciendo eso... Lo que estoy mirando va más allá de la exhibición de desnudos. Llega a la más grotesca perversidad.

—¿Ya se te puso duro? —pregunta el sujeto disminuyendo la velocidad.

Separa la mano derecha del volante y la lleva hasta mi entrepierna. Estoy paralizado, sin alcanzar a comprender lo que intenta hacer. Con un ágil movimiento introduce su mano en el pantalón y palpa mis genitales como queriendo corroborar la madurez de su presa. La inspección es rápida y siento una gran repulsión. Retira la mano para sentenciar:

—Necesito fotografías de chicos y chicas de tu edad. El acto sexual, como ves, puede hacerse con una o con varias parejas simultáneamente. Es muy divertido. También realizamos filmaciones. ¿Nunca has pensado en ser actor?

El auto desciende por una hermosa unidad habitacional, rodeada de parques y juegos infantiles. Tardo unos segundos en reconocer el lugar.

—¿Qué te parece esa muchacha?

Miro al frente e identifico a una joven vestida con el uniforme de la escuela. No tengo tiempo de hablar, el coche llega hasta ella y se detiene a un costado. Una cara conocida se vuelve con alegría. Se trata, ni más ni menos, de la chica pecosa que hace un par de meses presentó públicamente a la nueva compañera en la ceremonia cívica.

"¡Dios mío!", me digo agachando la cabeza, "esto no puede estar pasando". Durante dos meses he vigilado casi a diario a la joven de recién ingreso profundamente conmovido por su estilo y he aquí que, antes de que ella sepa de mi existencia, me encuentro con su mejor amiga en las peores circunstancias.

—Qué tal, linda —dice el tipo llevando ahora la mano derecha a su propia entrepierna para acariciarse por encima del pantalón mientras habla—. Necesitamos tu ayuda; nos perdimos; no conocemos estos rumbos y queremos encontrar una escuela de jóvenes.

—Pues mire, hay una muy cerca.

—No, no. Queremos que nos lleves. Vendemos ciertos productos y posiblemente tú conozcas a alguien que se interese. Si nos acompañas te daré una comisión.

"¿Si nos...?" La chica pecosa se percata de que hay dos personas más en el automóvil.

—¿Por qué no lo llevan ellos?

Cierro rápidamente el ejemplar de la revista, sujeto el portafolios fuertemente con la mano izquierda y con la derecha acciono la manija para abrir la portezuela. Se escucha un golpe seco, pero la puerta no se abre. El tipo se vuelve con la velocidad de una fiera, me mira y sonríe sardónico.

—Tiene seguro para niños... Tranquilízate o te irá mal.

¿Seguro para niños en la puerta delantera? Es mentira. La manija ha sido arreglada para que no pueda accionarse desde el interior. Me siento atrapado. La ventanilla tampoco se abre.

—¿Cómo te llamas?

—Ariadne.

—Tú debes de conocer a varias muchachas y ellos no —comenta el tipo jadeando—. ¿Qué dices? Si nos deleitas con tu compañía unos minutos te regresaré hasta aquí y te daré algo de dinero.

—¿Qué productos venden?

El hombre me quita lentamente la revista y se la muestra a la chica, cerciorándose de que no hay nadie cerca.

Mario ha dejado su propio entretenimiento e inclinado hacia adelante sonríe, atento a lo que sucede, pero la vergüenza y la sospecha de saberse cerca de su primera experiencia sexual lo hacen esconderse detrás de la cabeza del conductor.

Ella se ha quedado inmóvil con un gesto de asombro sin tomar la revista. El hombre la hojea frente a ella.

—¿Ya te "calentaste", pequeña?

Ariadne permanece callada; parece muy asustada, pero paradójicamente no deja de observar las fotografías. El hombre saca una caja de debajo del asiento, vuelve a cerciorarse de que no hay nadie en las proximidades y se la muestra.

—Esto es para cuando estés sola... ¿Lo conocías? Funciona de maravilla. Como el verdadero. Vamos, no te avergüences. Tócalo. Siente su textura...

La chica se niega a mirar el pene artificial que le exhiben.

—Ya te sentirás con más confianza —asegura el hombre al tiempo que continúan sus acaloradas caricias sobre el pantalón—. Tenemos muchas otras cosas cautivantes que te relajarán. Ya lo verás.

En ese instante la joven parece captar el peligro, pero llevada por una idea incomprensible se presta a seguir el juego. El hombre le hace preguntas sobre su constitución, sus sensaciones, sus problemas, y ella responde con monosílabos y movimientos de cabeza.

—Está bien —asiente al fin con un viso de suspicacia—, los acompañaré a la escuela, pero con la condición de que me regresen aquí después.

—¿Vives cerca?

—Sí. Por la esquina donde va cruzando aquella muchacha.

—¿Es tu compañera? ¿La conoces? ¡Trae el mismo uniforme que tú!

—Estudia en mi escuela.

—Llámala. ¿Crees que querrá acompañarnos?

Me quedo literalmente helado. No puede ser verdad. ¿De qué se trata? La hermosa estudiante de recién ingreso...

Recuerdo que hace dos meses, cuando la conocí, el cielo amenazaba tormenta; había centellas y rayos en la ceremonia cívica. Ariadne anunció por micrófono que había llegado una nueva compañera cuyo padre era diplomático y acababa de mudarse a nuestra ciudad. Después comunicó que dicha estudiante pasaría al frente a declamar un poema. A muchos el asunto nos tenía sin cuidado. Vigilábamos con recelo las traicioneras nubes negras, pero cuando la recién llegada comenzó a hablar nos impactó su presencia. Como estaba en la primera fila, no pude evitar dar un paso para observarla mejor. Algunos payasos me imitaron en una parodia de querer irse sobre ella. La hermosura de la chica era insólita, pero lo verdaderamente impresionante era su seguridad, su aplomo, la fuerza de carácter que reflejaba en su voz... En ese momento el fulgor de un nuevo rayo nos iluminó momentáneamente y casi de inmediato se escuchó el estridente trueno. Comenzó a lloviznar, pero nadie se movió. Fue un fenómeno interesante. La concurrencia quedó atrapada con la enérgica dramatización.

Durante los siguientes días no pude detener la avalancha de emociones contradictorias. Me sentí enamorado, feliz, temeroso, expectante. La espié. Le escribí poemas. Imaginé que cuando ella me conociera, también debía impresionarse. Acerté a ese respecto. Me conocerá ahora, como ayudante del promotor pornográfico a medio camino de seducir a su amiga la pecosa...

El conductor toca la bocina del automóvil y saca el brazo para hacerle señales a la muchacha, invitándola a aproximarse.

—¡Ven! —la llama y luego comenta en voz baja—: Así se completan las dos parejas.

—Prefiero ir sola —interviene Ariadne—, no la conozco bien y tal vez lo arruine todo.

La miro atónito. Miente... ¡Por supuesto que la conoce bien! Es su mejor amiga.

—Como quieras —dice el hombre sospechando que pierde el

control—; vamos, sube entonces. No nos tardaremos mucho —esconde la revista y sonríe con malicia—. Sube al asiento de atrás. Por la otra puerta. Sólo se abre desde fuera.

La pecosa rodea el auto. El hombre sonríe mirándonos a Mario y a mí alternadamente en señal de triunfo.

El movimiento de la mano de Ariadne es lento y nervioso. El pestillo de la cerradura de atrás se destraba con un chasquido metálico. Después abre también la portezuela delantera y comienza a dar pasos hacia atrás, alejándose del vehículo.

—¿Qué haces? ¿Adónde vas? Me lo prometiste, no tardaremos, vamos, ¡sube ya! Los dos muchachos son buenas personas, verás cómo no te dolerá. Todo te gustará mucho. Vamos, *¡sube ya!*

Ariadne echa a correr calle arriba. El hombre, furioso, comienza a tocar el claxon.

—¡Mario, ve por ella!

El chico obedece y aprovecho para saltar del auto, pero apenas he dado unos pasos reparo en que he dejado mi portafolios. Regreso, me inclino para alcanzarlo y el hombre me sujeta la muñeca.

—Vas muy aprisa, cretino; tú vienes con nosotros.

Me sacudo pero es inútil. Llevo la mano libre hasta la de mi opresor y la trato de arrancar de mi antebrazo.

—¡Suélteme...! —murmuro mientras lo empujo. El tipo es mucho más fuerte de lo que jamás hubiera pensado o yo soy mucho más débil. Veo su enorme cara morena llena de hoyuelos, su gesto duro y sus repugnantes ojos bizcos que me miran sin mirarme.

—Te voy a enseñar a que no seas un maldito cobarde. Te voy a enseñar.

—¡Suélteme!

—Te voy a enseñar... —y empieza a arrastrarme al interior del auto.

Desesperado forcejeo y casi logro zafarme, pero el hombre me detiene con el otro brazo. Como último recurso le escupo a la cara, entonces me suelta dando un alarido. Empuño mis útiles, salto hacia afuera y echo a correr, pero el cuerpo no se ha equilibrado con el peso del portafolios y éste se me enreda entre las piernas haciéndome trastabillar. Me voy al suelo de frente y meto las manos un instante antes de estrellar la cara contra el pavimento. Mi portafolios rueda, pero afortunadamente no se abre. El auto rojo está a media calle. Veo cómo Mario regresa al vehículo sin haber alcanzado a su presa, me grita algo que no entiendo, vuelve a subirse al asiento trasero, cierra su portezuela mientras el conductor cierra la delantera; veo cómo se encienden los pequeños focos blancos y escucho al mismo tiempo el ruido que produce el engranaje de la caja de velocidades cuando se intenta embragar la reversa apresuradamente.

Me pongo de pie. Voy hasta el portafolios, lo levanto con rapidez y, vislumbrando la entrada de un extenso campo lleno de árboles, inicio una nueva carrera desesperado por alejarme. El automóvil viene en reversa directamente hacia mí. Puedo sentirlo, puedo escucharlo. Está a punto de alcanzarme cuando llego a la banqueta y giro hacia la izquierda sin dejar de correr. Mi mente es un mar de ideas contradictorias, de imágenes excitantes y repugnantes a la vez.

Cuando me he alejado lo suficiente y veo que no me siguen, aminoro el paso y me tiro exhausto en el césped.

2

PRIMER ENCUENTRO

Al llegar a casa, me encierro en la habitación ofuscado, desorientado. La noche me sorprende antes de sacar alguna conclusión clara. Cuando calculo que todos se han dormido ya, salgo de mi cuarto y voy al pasillo de los libros. Enciendo la luz y trato de encontrar algo que me ayude a razonar mejor. Alcanzo varios volúmenes, sin saber exactamente lo que busco, y me pongo a hojearlos en el suelo. Hay obras de sexología, medicina, psicología. Trato de leer, pero no me concentro. Después de un rato me levanto y deambulo por la casa; al fin me detengo en la ventana de la sala.

No puedo apartar de mi mente las imágenes impresas que vi. Regresan una y otra vez. Pero van más allá de un recuerdo grato. Son más que un estímulo. Me excitaría la belleza de un cuerpo femenino, pero eso fue un nauseabundo sobreestímulo.

Con la vista perdida a través del cristal abandono la ingenuidad de una niñez que me impulsaba a confiar en todos.

De pronto me embarga la intensa sensación de estar siendo observado. Me giro para mirar sobre los hombros y doy un violento salto al descubrir a mi madre sentada en el sillón de la sala.

—¿Pero qué haces aquí? —pregunto enfadado por el susto.

—Oí ruidos. Salí y te encontré meditando. No quise molestarte.

Agacho la cara sin acabar de comprender. ¿Qué significa eso? ¿Ha escuchado mis murmullos? ¿Ha detectado mi desesperación y tristeza? ¿Por qué penetró furtivamente, sin anunciarse, en mi espacio de intimidad?

—¿Cuánto tiempo llevas aquí?

—Como media hora.

—¿Sin hacer ruido? ¿Sin decir nada?

—Quise acompañarte... eso es todo.

No comprendo. Incluso me siento molesto. Más tarde entenderé que eso es una muestra del verdadero amor: **Estar ahí, sin importunar, apoyar sin forzar, ofrecer energía espiritual sin obligar, interesarse en el sufrimiento del ser querido pero no intervenir en sus conclusiones de aprendizaje...** (una muestra, por cierto, de cómo seguramente Dios mismo manifiesta su amor a los hombres).

—Vi que sacaste varios libros. ¿Buscabas algo en especial?

—No, mamá. Mejor dicho, sí... No sé si contarte...

—Me interesa todo lo que te pasa. Estás viviendo una etapa difícil.

—¿Por qué supones eso?

—En la adolescencia se descubren muchas cosas. Se aprende a vivir. Los sentimientos son muy intensos.

Me animo a mirarla. La molestia de haber sido importunado en mis elucubraciones se va tornando poco a poco gratitud. Realmente me agrada sentirme amado, ser importante para alguien que está dispuesto a desvelarse únicamente por hacerme compañía.

—No todas las personas de buen aspecto son decentes, ¿verdad?

Ella guarda silencio. Es una mujer preparada. Tiene estudios de pedagogía y psicología. Tal vez desea escuchar más para darme después una opinión.

—Fui convencido muy fácilmente por un farsante que se hizo pasar por profesor de biología.

—¿Convencido de qué?

—Soy un estúpido.

—¿Qué fue lo que te pasó?

—Un hombre... me invitó a subir a su coche. No te enojes, por favor, sé que hice mal, pero parecía una persona decente... Es imposible confiar en la palabra de otros, ¿verdad?

Permanece callada esperando que aclare las cosas.

—Ninguna editorial, marca o compañía distribuidora avalaba la impresión de esas revistas.

—¿Qué revistas?

Me da vergüenza describirle a mi madre lo que vi. Mujeres mostrando groseramente las partes más íntimas de su anatomía, aparatos extraños usados por ellas para profanarse, cópulas simultáneas de dos hombres con la misma mujer, de dos mujeres con el mismo hombre, coito de animales con seres humanos, de niñas con niños.

—¿El hombre que te invitó a su coche era promotor de material obsceno?

—Sí...

—¿Te hizo algo malo?

—No. Escapé. Pero Mario, un compañero de mi salón, se fue con él. Se veía muy entusiasmado con el trabajo que le proponía.

—¿Qué trabajo?

—El de actor...

Mi madre tiene la boca abierta. Me observa asustada. Finalmente respira hondo y asiente muy despacio.

—Es un hecho que existe la pornografía infantil, adolescentes secuestrados para ser objeto de fornicación, jóvenes atrapados por bandas de drogadictos y degenerados. También hay falsas agencias de empleos que solicitan modelos jóvenes para embaucar a las muchachas y muchachos que acuden y abusar sexualmente de ellos... Todo eso existe.

—Lo he comprobado.

—Me preocupas, hijo... ¿Qué pasó en el coche de ese hombre?

—Nada. Sólo me mostró algunas cosas. No puedo apartarlas de mi mente... Sé que son sucias pero me atraen. Me dan asco pero me gustaría ver más. No entiendo lo que me pasa.

Se pone de pie y camina hacia mí. Al verla acercarse agacho la cara.

—**En un naufragio, los sobrevivientes se enfrentan con una gran tentación** —comenta con voz mesurada—: **Beber el agua de mar. Quienes la toman, lejos de mitigar su sed, la acrecientan terriblemente y mueren mucho más rápido. Lo que ese hombre te ofreció**

es agua de mar... Y el adolescente es como un náufrago con sed. Entiendo que algunos descubrimientos llamen enormemente tu atención, pero debes resistir al llamado insano. **Amárrate al mástil de tu embarcación si es necesario, como lo describe Homero en la** *Odisea* **cuando habla de las letales sirenas que cantaban atrayendo a los marinos a una muerte segura.**

—A Mario le pasó eso. Tomó agua de mar. Se arrojó a los brazos de las sirenas.

—Sí, pero eso no significa que tú estés a salvo. Volverás a recibir ofertas.

—Y cuando eso ocurra no voy a correr; no debo asustarme de todo lo que veo. Si existe una realidad que yo ignoraba quisiera enfrentarme a ella y familiarizarme.

Regresa sobre sus pasos y vuelve a tomar asiento en el sillón de la sala. Me invita con un ademán a que me siente frente a ella. Obedezco de inmediato.

—**Tú sabes que existen serpientes** —comenta—. **Eso no significa que debes convivir con ellas. Son traicioneras.** Un domador de circo pasó trece años entrenando a una anaconda. Parecía tener el control del animal. Se ufanaba de ello. Preparó un acto que funcionó bien, pero una noche, frente al público, en pleno espectáculo, la serpiente se enredó en el hombre y le hizo crujir todos los huesos hasta matarlo. **Miles de muchachos mueren asfixiados por una anaconda que creyeron domesticar.**

Hay un largo silencio. Recuerdo nuevamente las publicaciones.

—Ahora entiendo por qué ese material no tenía el sello de ningún productor. Es un delito y los creadores se esconden en el anonimato.

—Sí, hijo, pero **poco a poco los comerciantes están siendo cada vez más descarados. El negocio de la pornografía y de los "juguetes para adultos" reporta utilidades multimillonarias en todo el mundo. Es como la droga. Los empresarios que están detrás de esto son capaces de comprar a funcionarios y conseguir permisos para difundir sus productos. ¿Quién autorizó que hasta en los puestos de periódicos se venda parte de ese material? ¿Cuál es el** límite de lo que pueden vender? Los promotores de promiscuidad se enriquecen chillando que tienen derecho a la libertad de expresión y que nadie puede probar que sus productos sean dañinos, pero es un hecho que millones de personas son afectadas directa o indirectamente por esa basura. Cuando la policía registra las pertenencias de los criminales, siempre se encuentra con que son aficionados a la más baja pornografía y a todo tipo de perversiones sexuales.

—¿Todos los delincuentes son sexualmente promiscuos?

—Por lo general, sí.

—Mamá... No sé por qué siento tanto temor.

Me incorporo y camino hacia ella para abrazarla. Por un largo rato no hablamos. Es innecesario. Mi madre no es sólo una proveedora de alimentos o una supervisora de tareas, es una **compañera de vida.**

—En la maestría de pedagogía debes de haber leído muy buenos libros de superación. ¿Podrías recomendarme algunos?

—Claro. Vamos.

Tomo como tesoro en mis manos los cuatro volúmenes que me sugiere cuando llegamos al pasillo del librero. Regreso a mi cama y los hojeo. No puedo leer. El alud de ideas contradictorias me impide concentrarme lo suficiente. A las tres de la mañana apago la luz y me quedo dormido sin desvestirme sobre la colcha de la cama.

CCS: Miércoles, 20 de marzo.[1]

Quisiera ser escritor. Como mi abuelo. Escribir es una forma de desahogarse sanamente cuando la sed nos invita a beber agua de mar.

Uno de los autores que estoy leyendo tiene una empresa que se llama Conferencistas y Consultores en Superación, y recomienda, como terapia esencial para el éxito, escribir un diario que plasme emociones y aprendizaje en orden temporal. Hoy he comenzado, titulando esta libreta *Control Cronológico de Sentimientos,* de manera que coincidiera con las siglas de la empresa de aquel autor.

---

[1] *CCS.* La redacción del diario *(Control Cronológico de Sentimientos)* ha sido modificado por el autor después de muchos años, pero las ideas y reflexiones son idénticas a las expresadas en los escritos originales.

Tengo muchas cosas que escribir.

En esta etapa tan difícil he recordado una historia que me contó mi abuelo:

Un hombre cayó prisionero del ejército enemigo. Lo metieron a una cárcel subterránea en la que descubrió un mundo oscuro, sucio, lleno de personas enfermas y desalentadas. Poco a poco se fue dejando vencer por el maltrato hasta que, por azares del destino, la hija del rey visitó la prisión. Fue tal el desencanto de la princesa, que suplicó a su padre sacara a esos hombres de ahí y les diera una vida más digna. El prisionero se enamoró de ella y, motivado por el sueño de conquistarla, escapó de la cárcel y desplegó una compleja estrategia para superarse y acercarse a ella.

Quiero pensar que este diario lo escribo para alguien muy especial.

Mi princesa:

He pensado tanto en ti durante estos días. He vuelto a soñar contigo de forma insistente y clara. Tengo miedo de que tu amiga Ariadne se me anticipe y lo eche todo a perder antes de que me conozcas. Por eso la próxima vez que te vea me acercaré a decirte que, sin darte cuenta, me has motivado a escapar de mi prisión y superarme.

Me encuentro sentado en una banca del patio transcribiendo en mi libreta un poema, cuando la veo a lo lejos.

Algunas veces su rostro se oculta detrás de los transeúntes, otras se descubre en medio del círculo de amigas, con todo su fulminante parecido al rostro que me atormenta en sueños. Las manos me sudan, los dedos me tiemblan. La boca se me ha secado casi por completo. Tengo que acercarme. Lo he prometido. Echo un último vistazo al poema que copié antes de cerrar mi libreta.

Yo no sé quién eres
ni como te llamas;
no sé si eres buena,

humana y piadosa,
o eres como todas,
como tantas otras,

insensible y falsa.
Te conozco apenas,
a través del velo
de mis fantasías
y mis esperanzas.
Ignoro tu vida,
tus glorias pasadas,
y las ilusiones
que para el mañana
hilvana tu mente.
Y hasta tu mirada
me es desconocida,
porque no he tenido

la suerte de verte
de cerca a la cara.
Sé que puedo amarte,
porque me haces falta
y estar a tu lado
cuando tú lo quieras,
y para tu historia
¡ser todo o ser nada!
no obstante que ignoro
quién eres,
cómo eres...
y cómo te llamas.

Martín Galas Jr.

Veo a la chica fijamente. Pienso que mientras esté rodeada de tantas personas me será imposible abordarla, pero de pronto el grupo de muchachas comienza a despedirse y en unos segundos la dejan totalmente so... ¿la? El corazón comienza a tratar de salírseme del pecho. Me pongo de pie. Camino unos pasos dudando. No dispongo de mucho tiempo, pronto terminará el descanso y ella se esfumará nuevamente. Avanzo sin pensarlo más.

Me mira y al hacerlo percibo una mueca de desagrado como mostrando absoluta indisposición para atender a ningún conquistador. Me detengo a medio metro de la banca. Frente a ella compruebo que de cerca es más hermosa aún. Al ver que no digo nada, enfrenta mi mirada con intensidad en pleno gesto interrogativo.

—Hola —la voz sale de mi garganta insegura pero cargada de suplicante honestidad—. ¿Puedes ayudarme?

Ella frunce ligeramente las cejas, como si hubiese esperado otras palabras y otro tono de voz.

—Sí. ¿De qué se trata?

—Se trata de... bueno, hace tiempo que deseaba hablarte... En realidad hace mucho tiempo —su postura trasluce el visaje de una primera buena impresión, pero, ¿cuánto tiempo durará si no encuentro algo cuerdo que argumentar? Debo pensar bien y rápido. Comienzo a construir y descartar parlamentos en la mente a toda velocidad: "Es difícil abordar a una joven como tú..." No. Muevo la cabeza. Eso es vulgar; entonces: "Si supieras de las horas en que he planeado cómo hablarte me creerías un tonto por estar haciéndolo tan torpemente..." Sonrío y ella me devuelve la sonrisa. No puedo decir eso, sonaría teatral, preparado, pero tengo que decir algo ya.

— Te he visto declamar dos veces y me gustó mucho.

—¿Dos veces? Yo únicamente he declamado una vez aquí.

—La segunda lo hiciste para toda la escuela en medio de una tormenta.

—¿Cómo? ¿La segunda?

—La primera lo hiciste sólo para mí... en sueños... —la frase no tiene intención de conquista, es verdadera; tal vez nota mi seriedad y por eso permanece a la expectativa—. Declamas increíblemente —completo—. Estoy escribiendo un diario para ti. Quiero ser tu amigo.

—¿Por qué no te sientas?

Lo hago y las palabras siguientes salen de mi boca sin haber pasado el registro de razonamiento habitual.

—Eres una muchacha muy especial y me gustaría conocerte.

—Vaya que vienes agresivamente decidido.

Muevo la cabeza avergonzado. Eso fue un error. Tengo que ser más sutil y seguir un riguroso orden antes de exteriorizar mis pensamientos.

—¿Por qué no empezamos por presentarnos? —sugiere—. Mi nombre es...

—*Sheccid* —la interrumpo.

—Che... ¿qué?

—Mi abuelo es escritor. Lo admiro mucho. Cuando yo era niño me sentaba en sus piernas y me contaba cuentos. Él me platicó la historia de una princesa árabe extremadamente hermosa llamada Sheccid. Un prisionero se enamoró de ella y, motivado por la fuerza de ese amor, escapó de la cárcel y comenzó a superarse hasta que logró trabajar en el palacio como consejero del rey; pero nunca le declaró su amor y ella se casó con otro de sus pretendientes.

Me mira unos segundos con sus penetrantes ojos azules.

—Y esa princesa se llamaba... She... ¿cómo?

—Sheccid.

—¿Así que vas a cambiarme de nombre?

—Sí. Pero no quiero que te cases con otro sin saber que yo existo.

Ríe francamente y mueve la cabeza.

—¿Siempre eres tan imaginativo?

—Sólo cuando me enamoro.

Me doy cuenta de que he pasado nuevamente por alto el control de calidad de las palabras y me reprocho entre dientes: "Que sea la última vez que dices una tontería", pero a ella no le ha parecido tal, porque sigue riendo.

De pronto se pone de pie con el brazo en alto para llamar a una chica que camina lentamente cuidando de no derramar el contenido de dos vasos de refresco que lleva en las manos.

—¡Ariadne, aquí estoy...! —baja la voz para dirigirse a mí—: Te presentaré a una amiga, que fue a la cooperativa a traer algo de comer.

Al instante siento un agresivo choque de angustia y miedo. La pecosa llega hasta nosotros. Bajo la cabeza pero me reconoce.

—¡Hey! —grita histérica—. ¿Pero qué haces con este sujeto...?

Mi princesa se pone de pie asustada.

—¿Qué te pasa, Ariadne? ¡Estás temblando! Vas a tirar los refrescos.

—¡Es que no comprendes! —me observa con ojos desorbitados—. ¡Dios mío! ¿No sabes quién es él?

—Acabo de conocerlo, ¿pero por qué...?

—¡Es el joven del automóvil rojo de quien te hablé!

—¿El de...?

—¡Por favor! ¿Ya se te olvidó? ¡El de las revistas pornográficas! A él y a otro de esta escuela les abrí la puerta creyendo que el tipo que manejaba los tenía atrapados, pero me equivoqué. Corrieron detrás de mí para obligarme a subir con ellos.

—¿A... él...?

—Sí.

—¡Increíble...! —murmura evidentemente decepcionada—. ¿Conque me viste declamar en sueños y vas a ponerme el nombre de una princesa que inventó tu abuelo? —da dos pasos hacia atrás y se dirige a su amiga para concluir—: ¡Pero qué te parece el cinismo de este idiota!

No puedo hablar. Las miro estupefacto. No vuelven la cabeza. Simplemente se alejan.

3

FESTIVAL DE FIN DE CURSO

CCS: Martes, 25 de junio.

Mi amigo Mario ha desaparecido.

Tuve que hablar por teléfono con su madre viuda para darle las señas del coche deportivo en el que lo vi por última vez. No quise entrar en detalles con respecto a los ofrecimientos del conductor, pero la señora se presentó en mi casa para averiguar más. Mamá me ayudó a explicarle todo. La pobre mujer se soltó a llorar de forma lastimosa. Nos confesó que Mario era un hijo rebelde, que no la obedecía. No sabía cómo orientarlo. Me partió el alma verla en ese estado. Pensé en el terrible daño que los jóvenes causamos en ocasiones a nuestros padres sin darnos cuenta.

Por otro lado, yo también estoy confundido. El choque de saberme rechazado injustamente por aquella chica me ha producido una terrible depresión. Durante más de tres meses no he hablado con casi nadie. Sé que está mal, pero me he hecho de amigos inanimados a quienes trato como personas: el microscopio profesional usado que mi padre compró en la subasta para el mejoramiento de la escuela; lo llamo *Fred* y me paso horas haciendo descubrimientos con él. También me he reconciliado con mi bicicleta y he comenzado a entrenar con tesón para las competencias dominicales. Por las noches leo poemas y los memorizo con la secreta intención de declamar algún día frente a toda la escuela. Finalmente desmenuzo los libros que mi madre me recomendó.

Me pregunto una y otra vez por qué la muchacha fue tan dura conmigo, por qué no me permitió exponerle mi punto de vista.

El deporte favorito de la gente es juzgar y condenar con un mínimo de datos.

Leí en uno de los libros que en cierto pueblo de Europa, a fines del siglo XIX, llegó a vivir una hermosa viuda, madre de tres hijos. A las pocas semanas todo el vecindario hablaba mal de ella. Decían que era perezosa, que estaba casi siempre acostada y que recibía las lujuriosas visitas de tres hombres; para no ser sorprendida en prácticas promiscuas, mandaba a sus hijos a la calle y éstos se veían obligados a comer con los vecinos... Un día la llevaron al hospital y al fin se supo la verdad: tenía una enfermedad incurable, no podía moverse mucho, los dolores eran tan atroces que prefería dejar salir a sus hijos para que no la vieran sufrir; la visitaban su médico, su abogado y su hermano. Era una buena mujer, condenada por las suposiciones, difamada, rechazada injustamente.

¡Cuánta gente es víctima de los dedos acusadores!

Pienso en Mario y recuerdo que varias veces le escuché hablar mal de su madre. ¡Cómo me gustaría que supiera la forma en que la ha hecho sufrir! **Los hijos juzgamos a nuestros padres por sus errores, sin haber crecido donde ellos crecieron, con las carencias que ellos tuvieron, con el trato que recibieron, con sus presiones económicas, sus problemas, sus preocupaciones, sin la menor idea de lo que significa vivir en sus zapatos.**

Festival de fin de curso.

Padres de familia, maestros y estudiantes se dan cita en la plaza cívica del colegio para presenciar la celebración.

Repaso el poema con verdadera zozobra. Estoy muy nervioso. Veo la magnitud del público y siento deseos de huir. Respiro profundamente luchando contra el pánico escénico.

Faltan escasos diez minutos para que comience el espectáculo.

Veo a lo lejos a mi princesa acompañada de un grupo de amigos. Bajo del estrado y me dirijo hacia ella.

—¡Sheccid, espera!

Gira la cabeza al reconocer el nombre.

—Quiero decirte algo —profiero sofocado al alcanzarla.

—Déjame en paz...

Un muchacho alto y robusto se adelanta dos pasos y se planta a su lado.

—No sé lo que te habrán dicho de mí —insisto—, pero te mintieron.

—Sólo desaparécete de mi vista.

—Dentro de unos minutos voy a... voy a recitar un poema para ti.

—No me interesa —y se da la vuelta para alejarse.

—¡Un momento! —le grito repentinamente fuera de mí—. ¿No me oyes? ¿Por qué me tratas así? Ni siquiera sabes lo que realmente ocurrió ese día.

La chica, ya de espaldas, se detiene un instante al escuchar mi violento reclamo, pero finalmente decide ignorarme y continúa caminando. Sus acompañantes la siguen. Sólo el tipo corpulento, de cabello rubio recortado como militar y una portentosa nariz aguileña, permanece frente a mí.

—Me han dicho que has estado molestándola y supongo que eres una persona inteligente.

—Supongo que tú también lo eres —contesto furioso.

—Entonces podemos hablar como la gente. Yo no sé cuáles sean tus intenciones, sólo sé que no quiero que le hables... ¿de acuerdo? A pocos he tenido que repetirles eso más de una vez y créeme que esos pocos lo han lamentado mucho.

—¿Ah, sí? ¿Y tú crees que no tengo manos para defenderme? —exploto—. ¿Quién te crees? ¿En qué época crees que vives? ¡Yo me acercaré a quien me dé la gana!

Me sujeta con fuerza del suéter. Lo empujo de inmediato.

—Estás advertido —susurra.

—¡Púdrete!

El guardaespaldas se retira. Tiemblo de rabia. Repentinamente me percato de que he perdido todo el ánimo, toda la energía, todo el deseo de declamar en el festival, aunque me haya preparado durante tres meses para ello.

Un alumno hábil con el micrófono hace la introducción al frente. Profesores e invitados toman su lugar entre los espectadores y el silencio comienza a hacerse notar pausadamente. Voy a la parte trasera del escenario. No sé cómo ni cuándo son representados los primeros siete números del programa; mi mente es incapaz de concentrarse. El maestro de ceremonias anuncia mi nombre y el título del poema que declamaré. Tardo varios segundos en reaccionar. Me pongo de pie con un insólito mareo. Camino hacia el micrófono sintiendo la llama abrasadora de cientos de miradas. Dudo mucho en poder llevar a cabo la representación. Cuando llego al escenario echo un vistazo a mi alrededor y me percato de la gran cantidad de gente, de lo verdaderamente enorme que es la escuela, del desmesurado grupo de alumnos, padres y maestros que aguardan. Al nombrar el título de la poesía me doy cuenta de que mi voz tiembla, al igual que mis manos y rodillas. Los ojos del público me están dominando, venciendo, aniquilando. Eso no puede ocurrir; cuando oí declamar a Sheccid fue ella quien dominó al público y éste se conmovió y se arrebató en aplausos. Tengo que controlarme porque, además, ella debe de estar observándome en algún lugar de esa monstruosa multitud.

Comienzo a hablar sin un ápice de fuerza:

—*Con que entonces adiós. ¿No olvidas nada? Bueno, vete. Podemos despedirnos. Ya no tenemos nada que decirnos. Te dejo, puedes irte. Aunque no, espera. Espera todavía que pare de llover* —el poema de Paul Geraldy salta de un lugar a otro en mi mente, adelantándose, deteniéndose, volviendo a comenzar—. *Un abrigo de invierno es lo que habría que ponerte. ¿De modo que te he devuelto todo? ¿No tengo tuyo nada? Has tomado tus cartas, tu retrato y bien, mírame ahora.*

De pronto me quedo callado perfectamente amedrentado frente al micrófono, sin saber cómo continuar, qué decir, cómo disculparme, cómo atenuar el ridículo que inesperadamente me percato que hago.

La falta de concentración incrementa mi terror, pero en realidad no es eso lo que me ha hecho olvidar repentinamente el parlamento. Es Sheccid, es haberla descubierto sentada en la primera fila a uno o dos metros de distancia, escuchando atentamente; pero tampoco es ella, es su acompañante de nariz aguileña y casquete corto, quien le rodea la espalda con un cariñoso abrazo.

Alguien comienza a aplaudir y el resto de los estudiantes imita el gesto para salvarme de la penosa escena.

Me retiro con rapidez y camino directamente a los sanitarios queriendo desaparecer, deseando gritar, blasfemar, llorar. Me encierro en un inodoro y no puedo evitar que algunas lágrimas de rabia se me escapen. El intento de galanteo regresa a mi mente como un fantasma de reproche: *"Dentro de unos minutos voy a recitar un poema... para ti..."* Imagino cómo se estarán riendo Sheccid y su enamorado cara de ganso.

Cuando salgo de los baños, me encuentro de frente con mi maestra de lengua y literatura.

—Quiero hablar contigo.

Bajo la vista. Asiento y me dejo tomar del brazo por la joven profesora, quien me conduce al edificio administrativo.

En la explanada principal se escucha la representación de un baile folclórico. Llegamos a la oficina de asesorías.

—Toma asiento.

Me dejo caer en la silla.

—Nunca me dijiste que querías declamar. Ignoro qué te motivó a hacer este primer intento, pero considero importante que trabajemos juntos para que lo intentes de nuevo en otra ocasión.

—No se burle de mí, maestra.

—¡De ninguna manera! Puedes llegar a ser un gran declamador.

—Por favor... No me haga sentir peor. Soy un tonto. No sirvo para nada...

—¡Eso es precisamente lo que no quiero que digas! Por eso me levanté de inmediato para ir en tu busca. Debes volver a intentarlo. Escúchame, alza la cara. **Los seres humanos somos lo que creemos** ser y nuestras "etiquetas" se forman con las *últimas experiencias* con que nos quedamos.

—¿Qué?

—**Cuando el conductor de un automóvil sufre un accidente grave, su primera reacción es el miedo y el rechazo a volver a manejar. Si se queda con esa *última experiencia*, jamás podrá conducir un coche nuevamente, pero si hace un esfuerzo y comienza poco a poco a superar el trauma, al cabo de un tiempo recuperará su seguridad y manejará mejor aún que antes del accidente. ¿Me comprendes? Quien se cae de la bicicleta y se lastima terriblemente ya no querrá volver a pedalear y si sus amigos le consienten su deserción quedará marcado para siempre con una fobia. Todos los "no puedo" tienen el mismo origen: un fracaso no superado, una caída tras la que no se realizó otro intento, un error que se fijó como la *última experiencia*.** Tienes apenas quince años y si no vuelves a tomar el micrófono pronto cumplirás los treinta con pánico a hablar en público.

He levantado la cara sin darme cuenta.

—Si vuelvo a intentarlo, todos se reirán de mí. Los mismos profesores me recomendarán que me dedique a otra cosa.

—Eso trato de decirte. Estoy cansada de ver cómo alumnos, maestros y padres de familia inhiben a los jóvenes que fallan en algo, diciéndoles que no vale la pena intentarlo de nuevo. Es absurdo. Es criminal... ¡Entiende! **Los resultados que obtenemos en un deporte, en el estudio de determinada materia, en oratoria, en debates y hasta en relaciones humanas y amorosas están determinados por nuestras *últimas experiencias*. El que sufrió un revés, cree erróneamente que siempre será así y mantiene esa etiqueta. Es una ley de psicología: toda información nueva, al penetrar en la mente, tiende a sustituir la información antigua relacionada con el mismo tema. Así, la clave para ser diestro en algo no es sólo practicar cuando sale bien sino intentarlo una y otra vez cuando sale mal... Un hombre vale no por los triunfos que ha acumulado sino por las veces que se ha levantado de sus fracasos.**

No alcanzo a comprender toda la fuerza y profundidad de esas palabras, pero sin saber exactamente el porqué me siento menos desdichado. La maestra me hace prometer que seguiré preparándome para declamar en una futura oportunidad y salgo de su oficina con la extraña sensación de haber sido rescatado cuando iba cayendo ya por un precipicio sin retorno.

*"Los resultados que tenemos, **incluso en relaciones humanas y amorosas**, están determinados por nuestras últimas experiencias. El que sufrió un revés, cree erróneamente que siempre será así."*

Recuerdo un poema de Pedro B. Palacios, estudiado en días anteriores, y lo digo entre dientes mientras me dirijo a la salida del colegio:

No te des por vencido ni aun vencido.
No te sientas esclavo siendo esclavo.
Trémulo de pavor piénsate bravo,
y arremete feroz si estás herido.

Ten el tesón del clavo enmohecido
que ya viejo y ruin vuelve a ser clavo,
no la cobarde estupidez del pavo
que amaina su plumaje al primer ruido.

Sé como el fuerte, que al penar no gime o llora.[1]
Si caes vuelve a intentarlo, lucha y reza.[2]
¡Que muerda y vocifere vengadora,
ya rodando en el polvo tu cabeza!

El festival toca a su fin. Los chicos comienzan a desalojar el patio. Me mezclo entre la multitud y recibo repentinamente una fuerte palmada en la espalda.

—Te fue fatal, ¿verdad, enano?

Sabino, uno de los dirigentes de desmanes, me sonríe con sorna.

—Sí —contesto—, pero la próxima vez me irá mejor.

---

[1] y [2] Versos modificados.

—¿Piensas volver a recitar? ¡Estás loco!

Todos ríen y continúan su camino. Siempre se han burlado de mí, me han puesto apodos, me han llamado cobarde por no querer participar en sus bromas, pero eso tiene que acabarse *ya*.

—¡Espérenme ! —grito llamando a mis colegas—. ¿Adónde van?

—Hoy traigo el coche de mi papá —comenta uno del grupo—, vamos a dar una vuelta, no me digas que quieres venir con nosotros.

—Claro.

Los cinco jóvenes corren al estacionamiento. Dudo un instante, pero me uno a ellos y nadie me rechaza.

Apenas nos hemos acomodado en el coche negro, el conductor acelera al máximo. Las llantas rechinan escandalosamente al patinar en una curva. Los tripulantes ríen, unos de miedo y otros porque les parece muy cómico que, a pesar de la forma en que acabamos de tomar la curva, el cacharro no se haya volcado matándonos a todos. Yo estoy tenso y callado. Uno de mis compañeros habla de cómo ha hurtado ciertas cosas y repentinamente todos comienzan a arrebatarse la palabra para relatar aventuras de robos y engaños.

En eso distinguimos a un grupo de jovencitas caminando en sentido contrario a nosotros. Me agacho de inmediato al reconocer entre ellas a Ariadne y a Sheccid. Al pasar frente a las chicas el chofer toca el claxon, que emite un sonido afónico y les grita lo "buenas" que están. Todos lo imitan. Sabino le pide al conductor que regrese inmediatamente.

—¿De veras?

—¡Claro! Y pasa cerca de ellas, por favor.

—¡Así se habla! —gritan los demás.

Mis compañeros se han alterado mucho, como si estuviesen a punto de realizar alguna de sus travesuras más atrevidas.

El cacharro humeante da vuelta en U y acelera para llegar hasta las chicas, quienes no se percatan de que el auto se acerca por detrás. Mi princesa camina por la calle puesto que la banqueta es demasiado angosta, así que el conductor aproxima el coche lo suficiente y disminuye la velocidad mientras Sabino saca medio cuerpo por la ventanilla. Cuando el auto las alcanza, Sabino lanza un frenético alarido que hace brincar a las chicas y con la mano derecha bien abierta planta una formidable nalgada a Sheccid, quien, aterrada, arroja al aire sus cosas gritando. El auto acelera de inmediato y las carcajadas de mis compañeros se escuchan hasta el exterior. Yo me encuentro hundido en el asiento. No puedo creerlo. Me siento azarado, colérico, como puede sentirse alguien que acaba de presenciar la forma en que unos cretinos ociosos han agredido olímpicamente a una persona muy querida.

Todos ríen más nerviosa que jubilosamente.

—¡Fantástico!

—¿Qué le pasa al poeta frustrado?

—¿Te asustaste, ratón? No seas ridículo. Da la vuelta a la cuadra y repitamos la maniobra —propone Sabino—. Esa tipa está buenísima.

—Es peligroso —comenta el chofer—, mejor busquemos otras.

—No pasa nada. Te digo que quiero repetir con las mismas.

No puedo soportarlo más. Me yergo encolerizado y levanto la voz casi fuera de mí.

—Déjenme bajar.

Se hace un silencio cortante en el interior del auto.

Al instante el conductor disminuye la velocidad.

—¡Que se baje! —opina uno.

—Que se tire por la ventana, el idiota —sugiere otro.

El coche termina de dar la vuelta a la cuadra y el grupo de chicas vuelve a aparecer al fondo de la calle.

—¿Qué hago? —pregunta el conductor.

—Déjalo bajar —autoriza Sabino.

El auto se detiene por completo. Abro la portezuela trasera, pero apenas saco una pierna, el chofer acelera arrancando a toda velocidad. Como tengo la mitad del cuerpo fuera, el movimiento me despide del vehículo. Ruedo por la acera y termino colisionando mi cabeza con un poste de concreto. Me desvanezco.

Las jóvenes escuchan el rechinar de las llantas y voltean para alcanzar a ver buena parte de la escena.

Las muchachas conversan cerca de mí. Dicen que soy un degenerado, que deben acusarme para prevenir a otras chicas de posibles
ataques. Alguien menciona que no se explica por qué me han arrojado del auto. No escucho la voz de Sheccid. Más tarde me enteraré de
que es precisamente ella quien, sin opinar, ha corrido al teléfono de la
esquina para pedir una ambulancia.

Cuando vuelvo plenamente en mí, las chicas ya no están.

Dos paramédicos me atienden.

4

GRUPO EXPERIMENTAL

CCS: Lunes, 5 de agosto.

Mis padres preguntaron alarmados qué me había pasado en la cabeza. No les mentí, pero tampoco les dije toda la verdad.

Han comenzado las vacaciones de verano. He pensado mucho en Sabino y sus compinches, en sus charlas jactanciosas sobre quién era el más deshonesto, en lo que le hicieron a Sheccid...

He subrayado y resumido las obras de muchos especialistas de la conducta humana. Copio a continuación algunas de las conclusiones a las que llegué basándome en diversas premisas que convergen, todas ellas, en que **los males que aquejan a individuos, familias y naciones proceden de uno solo: La Corrupción.**

Temas de moda como la inflación, el producto interno bruto, los aranceles, la democracia y los planes económicos son a veces demagogia inútil que sirve únicamente para distraernos del verdadero fondo de las cosas: Podredumbre oculta. Desde los narcopolíticos y sus cómplices, pasando por los gobernantes que se enriquecen sangrando al pueblo, la gente que vota por ellos sólo porque le reportará dinero o influencias, hasta llegar a los empresarios que evaden impuestos, que acumulan riqueza con negocios sucios, que explotan a sus trabajadores, a los empleados que roban, que trabajan lo menos que pueden para reventar al patrón, a los estudiantes que compran una calificación o un certificado.

Existe incluso una **filosofía de inmoralidad que se enseña de generación en generación**:

"Transa y avanza": *Progresa siendo deshonesto.*

"Al que parte y reparte le toca la mejor parte": *Cuando te toque distribuir, aprovéchate y despoja a los demás.*

"Tonto es el que presta un libro y más tonto el que lo regresa": *No confíes en nadie, ¡pero si alguien confía en ti, fastídialo!*

"Ladrón que roba a ladrón tiene cien años de perdón": *Sólo piensa que al que le robaste es ladrón y tu acción se disculpa.*

"El fin justifica los medios": *Puedes matar, robar o traficar droga si distribuyes las ganancias entre tus pobres familiares.*

"Éste es el año de Hidalgo, cobarde es el que no se lleve algo": *Tenemos la oportunidad de robar, que nadie se quede atrás.*

Leí sobre un dirigente religioso hindú que tenía en su casa una habitación privada donde hacía cuanto le venía en gana; ahí comía carne, bebía licor, veía pornografía, pero al salir practicaba sus tradiciones ortodoxas y era, a la vista de todos, mesurado y recto. ¡Basura, porquería! Es el mismo caso del muchacho que tiene varias novias, promete a todas amor eterno y se ríe de ellas por lo crédulas que son, o el marido que se despide de su esposa con un beso y un "te amo" para subirse al coche, silbar a las mujeres e ir a buscar aventuras fáciles.

Muchos individuos nefastos tienen, como el hindú del cuarto secreto, una religión pública, hacen oraciones y rezos en frente de los demás, van a sus ceremonias religiosas ostentando devoción, se golpean el pecho, cargan consigo sus textos venerables y no pierden oportunidad para asegurarle a otros que se irán al infierno, pero en realidad son comediantes, payasos, exhibicionistas que no viven una fe intrínseca y mucho menos una verdadera relación personal con Dios; nunca oran en privado, en la soledad de su habitación, de rodillas frente al Señor. Son legalistas superficiales, cascarones huecos...

El director de una empresa que se vio precisado a despedir a 20% de sus empleados confesó que al momento de determinar de qué personas podían prescindir consideró factores como el carácter, la productividad y la puntualidad, pero sobre todo, lo más importante, ponderó la honestidad. **Todo es reemplazable, comentó, menos la integridad. Ya no existen personas celosas de los principios éticos y en la actualidad ésa es la cualidad más valiosa.**

En *Hamlet*, William Shakespeare afirma: **"Si eres veraz contigo mismo, se seguirá como el día a la noche que no podrás ser falso con nadie más"**, pues la mayoría de la gente es bella por fuera pero traicionera y vil por dentro.

Uno de los escritores que consulté asegura que tanta mentira, abuso sexual y promiscuidad está atrayendo **"Destrucción Natural"**, pues si Dios permaneciera de manos cruzadas ante todas las cosas que están sucediendo en la actualidad, como el uso legal de drogas, el matrimonio de homosexuales, los abortos masivos e indiscriminados, la utilización de la mujer como animal sexual, la pornografía infantil, las películas obscenas a la venta en cada esquina, los juguetes eróticos, el intercambio de parejas, las orgías, etcétera, entonces tendría que pedir perdón a Sodoma y Gomorra.

Leí la triste historia de un médico cirujano cuya esposa contrajo SIDA. Ella aseguraba no haber mantenido relaciones sexuales con nadie más que con su esposo ni recibido ninguna transfusión de sangre. El hombre estaba deshecho moralmente, acabado y confundido. Cuando se hizo las pruebas, descubrió que él era portador del virus. Desesperado confesó: "¡Una sola vez fui infiel a mi esposa, con una modelo en un congreso de medicina!" Preso de ira, viajó para reclamarle a su amante que le hubiera contagiado, pero cuál no sería su sorpresa cuando al llamar en el departamento le abrió la puerta una mujer moribunda en las etapas terminales del SIDA. No pudo decirle nada y se fue... El prominente doctor tuvo que enterrar a su esposa y explicarle a sus tres hijos lo que había pasado. Entendió muy tarde que **estamos en otra época: la época de la renovación de los valores.**

Antes los adultos decían "cuiden a sus gallinas que mi gallo anda suelto", se admitían con cierta liberalidad las familias paralelas y las aventuras de fin de semana. Los propios padres llevaban a sus hijos a "inaugurarse" con prostitutas. La corrupción y el engaño eran tolerables. Ahora constituyen una muerte segura. Es el Proceso de Selección Natural. **Estamos en otra época. No sobrevivirá quien no lo entienda de una vez por todas y para siempre.**

Pero aún no es tarde. La mayoría de los seres humanos estamos a tiempo de rectificar. Existe una esperanza, una luz en el camino. El único precio a pagar es el de aceptar hacer las cosas de otra forma: SER ÍNTEGRO, LEAL, ÉTICO, HONESTO.

Este verano he leído mucho y he experimentado un gran crecimiento interno. Han sido unas vacaciones muy solitarias pero constructivas. He estado practicando la declamación para no quedarme con la "ultima experiencia negativa", y volver a tomar el micrófono en cuanto pueda.

Debo hallar en mi vida más señales de grandeza.

"¡Que muerda y vocifere vengadora, ya rodando en el polvo tu cabeza…!"

Inicio del nuevo ciclo escolar. Primer día de clases. La maestra Arelí me manda llamar. Acudo a un salón donde se encuentran varios estudiantes de diferentes grupos. Ella al frente.

—Bien —comienza la joven profesora al verme llegar—, ya estamos todos. La mayoría de ustedes no se conoce entre sí y muchos se estarán preguntando por qué han sido apartados... —silencio. Todos la miran—. La Dirección me ha asignado como coordinadora especial de este experimento. Sí. Han oído bien. De los doscientos cincuenta alumnos que pasaron al último grado se han seleccionado veinte. Yo sugerí que ustedes debían conformar un nuevo grupo. Hubo mucha oposición en el Consejo Directivo, pero tengo algunas teorías y estoy dispuesta a jugarme el puesto por demostrarlas —la

expectación es cada vez más grande. ¿A qué teorías puede referir-
se?—. Algunos dicen que separar a los mejores estudiantes perjudi-
cará a los demás; otros aseguran que se formará un conjunto de
egoístas presumidos, pero yo creo que los veinte aquí presentes
tienen no sólo un mayor nivel académico, sino también una madurez
superior y pueden, por tanto, formar un equipo de trabajo con desem-
peños extraordinarios —las cabezas de todos comienzan a girar para
conocerse—. Ahora escuchen bien. No me gusta, pero es verdad: a
partir de hoy, tendrán que acostumbrarse a muchas presiones. Los
profesores en desacuerdo con el proyecto intentarán demostrar que
nada bueno puede salir de él. Para empezar, el subdirector (uno de
los inconformes) me avisó hace unos minutos que el festival cívico
de hoy deberá ser dirigido totalmente por ustedes. No tenemos tiempo para ensayar nada, apenas media hora en la que debemos organizar una escolta y por lo menos cinco números artísticos.

En el silencio del lugar se perciben ya vibraciones de nerviosismo y reto.

Permanezco quieto con las manos heladas mirando a mi alrededor.

*¡Es muy pronto para volver a intentar declamar! ¿Qué dirá mi
maestra si fracaso otra vez? ¿Que siga intentándolo? Pero ahora su
propio puesto está en juego…*

Una joven alta y desenvuelta asume espontáneamente el papel de
líder y comienza con cuaderno y pluma en la mano a anotar a los
voluntarios: ése quiere leer las efemérides, éste sabe un pequeño
discurso sobre ecología, aquélla desea hablar sobre la higiene y aquel
otro puede brincar en un pie rascándose al mismo tiempo la nariz. La
moderadora apenas se da abasto anotando.

Mi corazón parece a punto de explotar y la aprensión me ha
templado las mejillas; ¡sé que puedo recitar!, he ensayado mucho
después del fracaso. Siento ira por no atreverme. *¿Así que también yo
soy más apariencia que esencia? ¿Otro deshonesto que lee sobre ética
y perseverancia pero sólo es un cobarde?* ¡Eso nunca!

Justo cuando han seleccionado, entre todas las propuestas, los seis
números que integrarán la mejor ceremonia del año, la maestra toma
la palabra.

—Realmente me da gusto que hayan reaccionado así, aunque les confieso que no esperaba menos...

Decido al fin y, sin pensarlo más, me pongo de pie.

—¡Yo quiero declamar también! —guardo silencio de inmediato. Por un momento creo que la voz surgió de otra persona, pero soy yo quien está de pie; miro a mi alrededor, los nuevos compañeros me contemplan desconcertados pues pareciera que esperé hasta ese momento para llamar la atención.

—De acuerdo —comenta la maestra—, cerrarás con broche de oro —y agrega como disculpándome ante los demás—: Este número es muy importante...

Algunos me miran de reojo y preguntan por lo bajo: "¿Es muy importante...?"

Todos esperan que lo sea y yo sé que lo es.

Como si estuviese a punto de la largada en una competencia de ciclismo, respiro hondo e intento relajarme mientras espero mi turno al micrófono. Estoy inquieto pero no angustiado como la vez anterior. Tengo el presentimiento de que ahora las cosas serán diferentes. Cuando se escucha mi nombre, Beatriz, la líder espontánea del grupo, me indica el sitio tomándome del brazo y susurrándome al oído:

—Las cosas no van bien. Están aburridos. Haz tu mejor esfuerzo. Ahora todo depende de ti.

Es la hora de entrar en acción. Asiento abriendo y cerrando las manos, mirando la impresionante magnitud de mi público. Camino despacio y me paro al frente. El silencio es total.

—Dedico este poema de Rafael de León —comienzo con voz firme y pausada—, a una amiga llamada Sheccid.

No se despierta el mínimo comentario; inhalo y comienzo:

—*Me lo contaron ayer, las lenguas de doble filo, que te casaste hace un mes y me quedé tan tranquilo...*

Todo está bajo control. Sé dónde estoy y sé lo que hago; descubro en cada palabra que el primer secreto del buen orador es saber con exactitud lo que tiene que decir y después decirlo con emoción. Esta vez conozco el poema y poco a poco me voy haciendo parte del argumento que cobra cada vez más fuerza envolviéndome; me emociono tanto que manoteo y grito con verdadero furor:

—*¡Que si al pie de los altares mi nombre se te borró, por la gloria de mi madre que no te guardo rencor! ¡Porque sin ser tu marido ni tu novio ni tu amante, soy el que más te ha querido, con eso tengo bastante! Mas como es rico tu dueño, te vendo esta profecía: Tú cada noche en tus sueños soñarás que me querías, y recordarás la tarde que tu boca me besó. Y te llamarás "cobarde", como te lo llamo yo. Pensarás: no es cierto nada, y sé que lo estoy soñando; pero allá en la madrugada te despertarás llorando, por el que no es tu marido ni tu novio ni tu amante, sino el que más te ha querido, ¡con eso tengo bastante!*

El poema deja en el aire el efecto de un sentimiento intenso, casi con vida propia. El silencio se alarga un poco más, mientras los oyentes acaban de entender el fondo de la conmovedora historia.

Doy las gracias y me retiro lentamente. Entonces viene una ovación que se prolonga más tiempo del acostumbrado.

No puedo creerlo. Estoy asustado. ¡Las cosas han salido bien por primera vez! Me pregunto si no estaré soñando.

Camino saludando a desconocidos que se aproximan a felicitarme. Busco a mi profesora de lengua. Necesito verla, agradecerle, decirle que el mérito es de ella, que estoy impresionado por la forma en que funcionan "sus teorías". Cruzo el alborotado patio entre chicas que pasan a mi lado deshaciéndose en sonrisas.

Dos muchachas enormes de cabello negro se acercan a mí.

—Hermoso —escandaliza una—, ¡declamaste increíble!

—¿Lo harás en privado para nosotras? —dice la otra abrazándome por la espalda.

Me pongo un poco tenso. Las coquetas son al menos treinta centímetros más altas que yo.

—Me llamo Frida. ¿Te casarías conmigo? —ambas sueltan una sonora carcajada.

—Pero qué descaro, Frida —protesta la compañera—. Si yo lo vi primero.

—Pues que se case con las dos entonces. Una noche te atiende a ti y la otra a mí. Recitándonos poemas, por supuesto.

Las bulliciosas risas ocasionan que todos los caminantes volteen a vernos. ¿Qué está pasando? No lo entiendo.

La profesora Arelí aparece por un costado y me escabullo para reunirme con ella. Me dicen adiós lanzando besos con la mano. Contesto haciendo lo mismo. La profesora no puede evitar una enorme sonrisa.

Todos mis nuevos compañeros se encuentran ya en el salón cuando llegamos. Algunos me rodean preguntándome cómo aprendí a declamar así. La maestra Arelí pide silencio y todos nos acomodamos en nuestros lugares de inmediato. Luego plantea mi caso. Comenta la forma en que fracasé la primera vez que intenté declamar y, por ser un ejemplo de tenacidad y valor, sugiere que todos me brinden un fuerte aplauso.

Mis compañeros obedecen al instante. No detecto que ninguno se muestre molesto. Me pongo de pie.

—La profesora —comienzo a hablar haciendo que los aplausos cesen—, me enseñó que un hombre vale no por los triunfos que haya acumulado sino por las veces que se ha levantado de sus fracasos. Yo... estaba derrotado cuando me dijo eso. Quiero darle las gracias porque si no me hubiese tendido la mano seguiría en el suelo... También deseo agradecerle por haber formado este grupo. Nunca había tenido compañeros así. El aplauso es para ella.

La maestra me mira y con los ojos le digo que la adoro. Salgo del colegio feliz.

Por desgracia, la alegría no me dura mucho tiempo.

El recuerdo de Mario regresa de inmediato a mi mente, al descubrir a varios muchachos que se aglomeran junto a un moderno automóvil rojo estacionado en el recodo de la calle, junto a la puerta de la escuela.

5

FENÓMENO PSICOLÓGICO

Me acerco al coche rojo sin dudarlo, pero me detengo a unos metros al identificar a Sabino y sus compinches deleitándose con los peculiares productos que el conductor usa como anzuelo. Avanzo con más precaución.

—Miren quién llega.

—Acércate —me invitan—, y descubre lo bueno de la vida.

Uno de ellos me pone el brazo en la espalda. La presencia del grupo me anima a hablar con energía.

—¿Dónde está Mario?

El conductor me ignora.

—¿No me oyó? La madre de mi compañero está muy preocupada y enferma. ¿Dónde está Mario?

El sujeto se dirige a Sabino para urgirlo a que suba al coche de una vez. Me desespero.

—Maldito cretino —tomo una de las revistas, la rompo y arrojo los pedazos al suelo—, ¿qué le hizo a nuestro compañero?

El amigo que me abrazaba deja de hacerlo. Todos están asombrados por mi actitud. El hombre sale del coche expulsando chispas por los ojos. Retrocedemos temiendo una agresión física. Toma los restos de su revista, sube al vehículo y arranca intentando arrollarnos.

—Tomen el número de las placas —grito.

El prefecto se aproxima al escuchar un alboroto tan cerca de la puerta.

—¿Qué pasa? —pregunta.

Nadie contesta.

—¿Alguien vio la matrícula? —cuestiono. Entre todos la armamos. Saco una pluma y la anoto en la palma de mi mano antes de sentenciar—: Quiero hablar con el director de la escuela.

Mis compañeros me observan confundidos, temerosos. Se van haciendo para atrás y murmurando diferentes excusas se alejan. El prefecto me acompaña a la Dirección.

CCS: Martes, 10 de septiembre.

Algo está pasando en mi interior. Puedo sentirlo. Hay una transformación lenta pero clara. Es el poder de la última experiencia. Después de la declamación exitosa me siento muy fuerte y seguro. Además de enfrentarme al conductor del coche rojo, me gané el respeto de Sabino y su grupo. El director no podía creer la historia que le conté. Llamó a la madre de Mario y la viuda se presentó de inmediato. Por recomendación del director me ofrecí, como testigo principal, a acompañarla a la delegación de policía. Ahora todos los agentes buscan el llamativo automóvil. Sé que me he metido en problemas gratis. Sé que puedo sufrir alguna represalia del promotor pornográfico, pero me siento bien aprendiendo a asumir riesgos.

Levanto la cara sobresaltado al percibir la presencia de alguien. El patio escolar está totalmente solitario a excepción de la banca en que me encuentro y de la chica parada frente a mí.

—Hola...

Esta vez no viene acompañada de su amiga pecosa ni de su rubio guardaespaldas. Me froto los párpados incrédulo.

—Sheccid...

—Me causa mucha hilaridad la forma en que me nombras. Algunos compañeros han comenzado a decirme así para burlarse.

—¿Burlarse? —bajo la vista sin poder ocultar mi exacerbación.

—¿Estás ocupado?

—Un poco.

—No quiero quitarte el tiempo. Sólo he venido a disculparme.

—¿Disculparte...? ¿De qué?

—He hablado mal de ti. Te he hecho quedar en ridículo con medio mundo. He difundido la idea de que eres un depravado. Tal vez lo seas, pero eso no me da derecho a publicarlo. El haberme dado cuenta de mi impertinencia me obliga a pedirte una disculpa, no sé si lo entiendas y no me interesa. Sólo vine a cumplir conmigo misma.

La miro sin contestar.

—Tus normas morales son muy especiales —profiero al fin—; te exigen sentirte bien contigo misma aunque hagas sentir mal a todos los demás... Creo que no sabes valorar la amistad.

Tomo mi cuaderno nuevamente y empiezo a pasar las hojas simulando que leo. Ella se queda de pie, tal vez arrepentida de lo que acaba de decir.

—No quise ofenderte. ¿Qué escribías?

Cierro el cuaderno. Me incorporo.

—Nada.

—Te escuché en la ceremonia de ayer. Me impresionaste.

—Todo el verano estuve ensayando.

—¿Y cómo evolucionó la herida que te hiciste en la frente? La última vez que te vi estabas inconsciente.

Siento calor en las mejillas como cuando me ruborizo. Quiero explicar que no fui yo el de la nalgada, que cuando protesté por lo que mis compañeros hicieron me arrojaron del coche y que estaba muy avergonzado por el incidente.

—Evolucionó bien —contesto—, me dieron tres puntadas —y levanto el pelo para mostrar la herida.

Observa con aire maternal.

—Te ves del todo recuperado —lleva una mano a mi frente—. Estás ardiendo. ¿Tienes fiebre? —me quedo paralizado al sentir rozar lentamente el dorso de su mano en mi mejilla simulando que pondera la temperatura—. Tal vez debes ir al médico.

No acabo de comprender el significado de su caricia. Me agrada, me ilusiona, pero a la vez me produce la contradictoria sensación de estar siendo manipulado. Es una chica muy hermosa. A sus quince años, tiene en la mirada todo el candor de una niña y toda la sensualidad de una mujer. Me asusta un poco estar tan cerca de ella. Su piel es blanca, sus labios rojos, sus dientes perfectos, sus cejas pobladas y bien delineadas, sus ojos azules, su brillante cabello castaño, su postura erguida...

—¿Y te inscribirás en el concurso de declamación? —pregunta apartando súbitamente la mano.

—Sí.

—Pues necesitarás practicar muchos veranos más antes de poder ganarme a mí en un concurso.

Al ver su cambio de actitud tomo asiento de nuevo en la banca, dando por terminada la entrevista.

Da la media vuelta y se retira.

Ya en mi casa reclino el sillón hacia atrás y contemplo el techo, el tirol. Suspiro. Alguien llama a la puerta.

¿Alguien llama? Tardo varios segundos en contestar.

—Sí, pasen...

El intersticio se va agrandando muy despacio. Dirijo la vista al libro y espero. La puerta se cierra con un leve chasquido metálico. Volteo la cabeza. Mamá está recargada en la columna, en silencio, solamente ahí, viéndome, en silencio.

—Adelante —susurro.

Pero ella no se mueve.

—¿Te puedo ayudar en algo? —pregunta.

¿Me puede? No. Respondo que no.

—Entonces... —da dos pasos, tres pasos, se aproxima más y más—. ¿Te gustaría platicar conmigo?

La miro un segundo y después aparto la vista. No me gustaría y en el fondo es todo mi deseo, así que sólo me encojo de hombros. Se apoya en el librero.

—¿Te ocurre algo? —pregunta.

Asiento.

—¿Y puedo saberlo?

Fuera de la estancia se escucha el alboroto de mis hermanos jugando.

—No es nada importante... creo —recorro el sillón hacia atrás y me enfrento a ella no dispuesto a dar muchas explicaciones—. Estaba... pensando... Sí. Solamente pensaba... No estoy seguro de que puedas entenderme.

—¿Por qué no lo intentas?

—Es que... no es eso... en realidad no estoy seguro de que pueda darme a entender.

Silencio.

Durante los últimos meses tuve deseos de conversar con ella varias veces, pero no me atreví a llamarla, y como se mantuvo alejada respetando mi intimidad, ahora son demasiadas cosas. ¿Por cuál empezar? El fracaso en el festival de fin de curso, la agresión de Sabino a Sheccid, la maestra Arelí, el grupo experimental, la declamación, el segundo encuentro con el auto rojo...

—Entonces, ¿por qué no intentas darte a entender?

Asiento. De acuerdo, haré lo posible.

—Es que, ve —medito un instante—, en ocasiones, cuando conoces a una chica te sientes triste sin saber por qué.

—¡Ya! —sonríe—, es eso.

—Sí. Cada vez que me acerco a ella, a su amistad, todo se echa a perder por algo, ¿me entiendes?

Asiente sin poder ocultar una mirada de ternura.

—La quiero mucho, mamá.

—¿Cómo es ella?

—Muy hermosa. Alta, delgada, de ojos azules y cabello castaño. Genial. Artista... No la conozco bien, pero tengo la esperanza de que sea alguien especial, capaz de comprenderme y valorarme...

—¿No la conoces bien y piensas todo eso de ella?

—Sí.

—Mmh...

—¿Qué pasa?

—¿Me permitirías darte un consejo?

—Por favor.

—¡Disfruta esta etapa! La recordarás como la más hermosa de tu vida, *pero* por más enamorado o deprimido que te sientas nunca dejes de luchar *por ti mismo*.

—¿A qué te refieres?

—**Hay una fuerza que empuja a la superación, una fuerza que todos recibimos al descubrir que existe una persona INALCAN-ZABLE a quien quisiéramos amar...**

—¿Una fuerza? No te entiendo.

—Algo como la **fe. Es la certeza de lo que no se ve, es un impulso positivo, victorioso, generador de optimismo.** Cuando alguien se siente solo y anhela a su pareja, debe superarse, estudiar, hacer deporte y aprender cosas nuevas con la *fe* de que algún día estará a la altura necesaria para vivir el romance que anhela.

Permanezco callado reviviendo el cuento de mi abuelo.

—La fuerza de Sheccid —murmuro.

—¿Cómo?

—No sé si recuerdas. Tu papá contaba de un prisionero que, motivado por el deseo de merecer a una princesa, rompía sus cadenas y conquistaba la cima del mundo.

—Pero ella se desposaba con otro. Sí, recuerdo la historia. Es muy bella y cierta. **Sheccid representa la motivación que recibe el joven. Sólo que, como toda energía contenida, puede servir para bien o para mal. Depende de cómo se encauce. Si el enamorado tiene poca inteligencia, la "fuerza de Sheccid" le causará una terrible deses-peración: se golpeará la cabeza contra las paredes de su cárcel, se lamentará, se emborrachará. Hijo, millones de jóvenes, con la excusa de que nadie los comprende y en una idea mal entendida de la juventud, se rebelan, hacen diabluras, protestan por todo, holgazanean, dejan hueco su cerebro, se permiten un carácter débil, vacían sus arcas y las de sus padres; suspiran por alguien muy especial y nunca luchan por obtener algo que ofrecerle.**

Enmudezco por un largo rato. En efecto, una fuerza incontenible, a veces violenta e indomable, se ha ido despertando en mí desde hace unos meses. Es verdad que en ocasiones me desespero y trato de desfogarla como sea, pero cuando veo a esa chica siento un gran deseo de ser mejor. Seguramente no me casaré con ella, pero la motivación que me brinda es poderosísima.

—Si esto que me está pasando le ocurre a *todos* los jóvenes, debería establecerse como un fenómeno psicológico.

Ríe.

—Algún día lo propondremos.

—Cuando dices que quienes no saben manejar esta energía dejan sus arcas vacías y no pueden ofrecer nada a su pareja, ¿te refieres a dinero?

—A dinero también, pero me refiero a todo. **Cultura, profesión, independencia, personalidad, inteligencia; capacidad en sí de servir como apoyo y complemento. Los que no usan la "fuerza de Sheccid" para superarse, cuando se casan, terminan llevándose a su esposa a un cuartito del hogar paterno. Jóvenes mediocres, perezosos, irresponsables, inmaduros, con un enorme babero...** Los niños no pueden ni deben casarse. Y hay niños de treinta años de edad. ¿Me explico?

—No muy bien.

—Mira. *Una mujer* **es alguien que sabe lo que quiere, que ha adquirido conocimientos y madurez para ser ayuda idónea de su esposo sin consultar todo con su "mami". Por otro lado,** *un hombre* **es alguien capaz de mantener a su pareja y hacerse cabalmente responsable de su hogar sin ayuda de "papá". Pero, ¿cómo va a poder hacer eso quien toda su vida se dedicó a jugar, a perder el tiempo en parrandas, en amigos, en aventuras sexuales, o simplemente suspirando y escribiendo poemas? ¡La juventud es época de disfrutar intensamente mientras se siembra, no es época de cosechar!** Y el sentimiento que hoy te embarga es muestra de que debes trabajar mucho... por ella.

Me quedo pensando. Nunca lo había visto así. Pero es cierto.

Conozco un par de vecinos que a los treinta años son inútiles, sin estudios, sin oficio, y cuya vida matrimonial se ha visto seriamente afectada. **Nadie puede dar lo que no tiene, así que la juventud es época de llenarse: Llenarse de conocimientos, valores, fuerza de carácter, salud, bases económicas... Llenarse para después tener algo que dar...**

—Los últimos meses —comento—, motivado por *ella*, me he superado más que nunca. Y seguiré haciéndolo. Sin embargo, no quisiera tener que esperar años para...

—¿Vivir el amor?

Asiento.

—Lo estás viviendo ya... Disfrútalo.

—¿Se puede disfrutar lo que nos produce sufrimiento?

Sonríe dulcemente.

—Con frecuencia el amor es así.

Me siento triste. ¿Así que añorar a mi princesa es señal de que necesito crecer más y superarme? ¿Sufrir sintiéndome incomprendido debe ser motivo de dicha? ¿Al desear ser adulto para tener control total de mi vida debo recordar que la etapa más bella es ésta en la que tanto padezco...? No hay duda de que la adolescencia es época de contradicciones y paradojas.

—¿Sabes, mamá? Me imagino que a los quince años todos los muchachos de tu escuela estaban locos por ti.

No la oigo contestar, tengo que girar la cabeza para verla y cuando me encuentro con sus ojos percibo en ellos un gran afecto. **Dicen que una madre representa los cimientos de la dignidad del hombre. Dicen que el amor materno es el punto de partida incuestionable para la edificación de la autoestima. Un niño siente que vale en correspondencia exacta con lo que su madre le demuestra que vale para ella (desde que está en su vientre). Tal vez por eso me siento tan fuerte esta tarde. Aunque vengan huracanes, creo que el edificio de mi dignidad no podrá derrumbarse jamás...**

En cuanto ella sale de mi habitación regreso al escritorio y trato de ordenar mis ideas. Me encuentro definitivamente dentro de un poderoso tornado. Debo usar la fuerza que estoy recibiendo para crecer, pero, ¿cómo utilizar algo que no comprendo? Sólo desglosándolo, desmenuzándolo, partiéndolo en vectores.

Desde que esta revolución inició he aprendido algunos conceptos que me han ido brindando luz. Cuando salga de mi calabozo y logre mis mayores anhelos, estas ideas habrán constituido los puntos de apoyo de mi juventud.

Hago memoria y comienzo a escribir.

> **1. El adolescente es como un "náufrago con sed":** *Pornografía, droga, alcohol, rebeldía y desmanes son agua de mar. Quienes la beben no mitigan su sed. Mueren mucho más rápido.*

> **2. Existe un gran "emporio de la promiscuidad":** *Reporta utilidades multimillonarias. Todos los delincuentes son sexualmente promiscuos. Es necesario conocer esto para estar prevenidos.*

> **3. "Juzgar precipitadamente" produce daño:** *Nada lastima más nuestro desarrollo que alejarnos de amigos y familiares a quienes nos aventuramos a condenar.*

> **4. Las "últimas experiencias" nos determinan:** *Definen nuestras destrezas y cortedades. La clave para ser hábil en algo no es practicarlo cuando sale bien sino volver a intentarlo cuando sale mal.*

> **5. Se ha iniciado un nuevo proceso de "selección natural":** *Estamos en la época de la renovación de los valores. No sobrevivirá quien no comience a ser íntegro, leal, ético, honesto. Todos los males proceden de uno solo: corrupción, podredumbre oculta.*

> **6. La juventud es "época de llenarse":** *De conocimientos, valores, fuerza de carácter, salud, bases económicas. Llenarse para después tener algo que dar.*

6

LABORATORIO DE QUÍMICA

Nos hallamos en el patio esperando que se desocupe el laboratorio de química. Quienes están a punto de salir son los muchachos del grupo de Ariadne y Sheccid. Eso me hace sentir un poco inquieto.

Durante estas semanas he vuelto a declamar varias veces más. A la gente le fascinan mis poesías. Las chicas mayores me han adoptado como su amante platónico.

La puerta se abre repentinamente. Comienzan a desfilar los jóvenes. Parecen molestos, se cierran el paso unos a otros como queriendo escapar cuanto antes de ahí.

Casi al final de la procesión aparecen.

Ariadne llora. ¿Llora? ¿Pero qué le ha ocurrido? Sheccid la abraza como consolándola. Pasan muy cerca de mí. Ensimismadas en su problema me ignoran. Los veinte jóvenes de mi grupo entramos al salón lentamente y podemos percibir intensas vibraciones de un conflicto reciente. Acompañado de mis nuevos amigos, Salvador y Rafael, camino directo hacia el ayudante del laboratorio que acomoda el material en las repisas.

—¿Qué pasó? —cuestiono sin más preámbulo—, ¿por qué tardaron tanto en salir? ¿Por qué lloraba la chica pecosa?

El asistente voltea para cerciorarse de que no es visto por un superior e informa con rapidez:

—Alguien, jugando, le quitó la lente principal al microscopio del que Ariadne era responsable. El nuevo profesor de química se enfureció. Pidió que devolvieran la lente pero nadie lo hizo. Amenazó con suspender a Ariadne, bajarle puntos y cobrarle la reparación del microscopio si el gracioso que había quitado la pieza no la regresaba. Nadie la ayudó. Yo vi que estuvieron jugando con el cristal y lo dejaron ir por el desagüe. Es imposible recuperarlo. Lo cierto es que la única perjudicada fue ella.

—¿La van a suspender?

—Si no se devuelve la lente a más tardar hoy, antes de la hora de salida, sí.

El nuevo profesor de química sale de su privado con cara de enfado y se para al frente. Todos guardamos silencio y nos acomodamos en los lugares. Es nuestra primera clase con él.

—De modo que ustedes son el grupo de la maestra Arelí —comienza con sarcasmo—. Gusto en conocerlos. Me alegra tenerlos en mi clase —sonríe—, veremos si son tan buenos como se asegura.

La sesión empieza en una atmósfera de rigidez. Primero por el desagradable antecedente de cuanto ocurrió ahí con el otro grupo y segundo por el agresivo recibimiento del profesor.

—Copien esto —ordena señalando un prolijo diagrama.

Comenzamos a sacar cuadernos y lápices para obedecer sin hablar. Después de unos minutos el laboratorio se halla en un silencio total. Cada estudiante se esmera por bosquejar de la mejor manera el complejo dibujo. Por mi parte copio mecánicamente, cuando repentinamente recuerdo a mi buen amigo *Fred,* el microscopio profesional que papá me regaló... Dejo de dibujar y me quedo estático. Aprecio mucho ese aparato. Representa un bello vínculo entre papá y yo, lo uso con frecuencia y lo coloco en la repisa central del librero, pues le da a mi habitación un ambiente más intelectual, más científico. No puedo evitar que me embargue la tristeza al comprender lo que debo hacer. Es quizá una oportunidad para demostrarle mis buenas intenciones a Ariadne y a Sheccid. Si me gano el cariño de la pecosa se me abrirá el camino para acercarme también a mi princesa.

Comienzo a copiar nuevamente, pero mis últimos trazos resultan descuidados y grotescos. Levanto la cara al frente para mirar, mas no para escuchar, al profesor que habla, habla y habla... Me estiro los dedos nerviosamente mientras empiezo a idear el plan. Una vez que la clase termine, escaparé de la escuela por la parte trasera, correré sin parar hasta mi casa y en menos de una hora estaré de regreso con la lente principal del microscopio para dársela a Ariadne. Debo tener mucho cuidado de no ser visto saltando la reja pues, si algún prefecto me sorprende, me expongo a una suspensión. Empiezo a sentir el hormigueo del temor subiendo por mis extremidades. Me agacho dominado por la aprensión. Tendré que recurrir a toda mi astucia y agilidad para burlar la vigilancia.

—¿Eh? ¿Mande?

—Te he llamado tres veces... —el profesor me grita furioso—, y no has tenido la atención de responderme. ¿Se puede saber en qué piensas?

Repentinamente los pocos murmullos cesan y las miradas temerosas se clavan en alumno y maestro; el aire se siente denso.

—¿Y ahora qué esperas? ¿Estás sordo o pretendes burlarte de mí? Te he dicho que pases al frente y expongas lo que acabo de explicar; ¿o acaso no piensas obedecer hoy?

Me pongo de pie sintiendo un calor ardiente en el rostro, como si las miradas mudas de mis compañeros me exigiesen que pase y demuestre al profesor *a quién* está pidiendo que exponga la clase.

—¡Al frente!

Cuando llego y algunos se percatan de mi expresión confundida y atemorizada, bajan la vista conscientes de que está a punto de ocurrir algo malo. Demasiado tarde razono que no debí obedecer, que debí defenderme desde mi trinchera, decir cualquier excusa, reconocer mi distracción incluso, pero nunca pasar al frente.

—Bien —dice el profesor apartándose—, te escuchamos.

Tomo la tiza con un evidente temblor en la mano y ésta cae al suelo rompiéndose en tres partes.

—No uses el gis; sólo habla.

Asiento y trago saliva. Mis amigos no me miran.

¿Exponer lo que ha explicado el maestro? ¿Y qué rayos es eso?

—No estabas atendiendo, ¿verdad?

—No.

—¿Por qué? —la voz del químico se halla cargada de un asombroso tono de rabia.

—Estoy un poco distraído.

—¿Por qué?

—Problemas.

—¡Magnífico! —estalla alzando violentamente los brazos y dirigiéndose a la puerta—. Entonces ve a resolverlos afuera —la abre—, aquí sólo quiero gente que tenga interés.

Me quedo petrificado. Imposibilitado para creer, para aceptar lo que está sucediendo.

—¿No piensas salir? ¿Es que acaso mereces estar aquí?

He visto en otras ocasiones escenas similares, pero nunca se me ocurrió que algún día sería la víctima. Trato de decir algo. Cualquier cosa que intente atenuar la vergüenza que estoy pasando y no puedo.

—Estamos esperando que hagas el favor de abandonar el salón.

Intento articular alguna palabra pero la fonación se me ahoga en el nudo de la garganta. El profesor se exaspera al no ver en mí ninguna reacción.

—Ricardo, toma las cosas de este niño y sácalas.

Ricardo se queda helado. ¿Sacar las cosas de... ? ¿Yo?

No lo hará.

Dirijo una lenta mirada a mis compañeros que, apenados, no saben cómo ayudarme. Todos ven de reojo a Beatriz, la chica que tomó la iniciativa de organizar los números de la ceremonia cívica frente a la maestra Arelí y que, posteriormente, fue nombrada jefa de grupo por votación unánime.

"Tendrán que acostumbrarse a muchas presiones. Los profesores en desacuerdo con el proyecto del grupo experimental intentarán desacreditarlos y demostrar que nada bueno puede salir de él."

¿Qué hacemos? Está ocurriendo lo que se nos advirtió.

—Yo puedo salirme solo —logro decir con voz trémula.

—Maestro, déle otra oportunidad —protesta Salvador al fin.

—¡Fuera, he dicho!

—Profesor —interviene Rafael—, le aseguro que él no era el único distraído, además es un compañero que...

Carmen se pone de pie.

—Tiene razón —afirma con voz alta y segura—. No es justo lo que usted está haciendo. Este grupo es muy unido y no vamos a permitir que se pisotee la dignidad de ningún compañero.

—¡Un momento! —en un repentino impulso, todos se han puesto de pie, ¡todos!, como un leopardo listo para atacar—, ¡un momento! Se hará lo que yo mande y al que no se siente de inmediato lo expulso también del laboratorio —nadie toma asiento y nadie parece estar dispuesto a hacerlo—. Además —continúa al borde de la histeria—, les eliminaré el resto de las prácticas del año y tendrán anulada la materia.

—Trate de comprender —dice Laura.

—¡Silencio! Y tú, niño, sal si no quieres ocasionar a tus compañeros ese castigo.

¿Y tú, *niño*? No puedo soportar más la presión y la culpa de que a estos extraordinarios amigos se les castigue por mi causa. Me dirijo hasta mi sitio y tomo las cosas para irme, pero Beatriz me detiene del brazo cuando paso junto a ella.

—No te salgas.

El penetrante silencio parece intensificarse en el laboratorio cargado de emociones negativas. El profesor se acerca a mí con los ojos inyectados de furia, como si estuviese dispuesto a abofetearme.

—¿Quieres "ponerte con Sansón a las patadas"?

—Usted es quien se está amarrando la soga al cuello —asegura Beatriz—. No estamos en la Edad Media.

—Ésta es mi clase —aúlla—, no voy a permitir indisciplinas.

—¡Está loco! —profiere Adriana Varela.

—Salgámonos todos de esta maldita clase —increpa Salvador.

—Usted no puede tratarnos así —grita Rafael.

Beatriz toma sus cosas y sale del aula. Entonces todos la imitamos. A pesar del enojo colectivo, ninguno vuelca su silla, nadie rompe un matraz o hace ningún estropicio. El área de trabajo queda intacta pero sin alumnos.

Llegamos a las oficinas del director. Las secretarias se asustan al vernos entrar en tropel. Nos informan que los directivos se encuentran en una junta y no pueden recibirnos. Insistimos en que se trata de algo muy importante.

—Tendrán que esperar —concede la recepcionista—; los recibirá, pero no a todos. Nombren a un par de representantes.

Las protestas se suscitan de inmediato. Los veinte compañeros hablamos alterados al mismo tiempo. Ante la algarabía, aparece la maestra Arelí saliendo de su despacho. Callamos de inmediato.

—¿Podemos hablar con usted? —pregunta Beatriz.

—Claro... Pasen. No sé si quepan todos.

Entramos a la oficina en fila y nos apretamos unos contra otros para entrar. De inmediato la jefa del grupo comienza a relatar lo sucedido. Algunos compañeros aportan frases cortas a la reseña. El rostro de la maestra se va tornando tenso, después indignado, hasta terminar verdaderamente encolerizado.

—No lo puedo creer —mascula con las mejillas enrojecidas—. Ese tipo es un prepotente. **Uno nunca sabe cómo reaccionará alguien cuando tiene poder. Créanme. La aptitud de una persona para actuar en puestos de autoridad es algo que no puede saberse sino hasta que se le otorga jerarquía. Muchos humildes trabajadores se convierten en alzados mandamases, miles de buenos servidores públicos se vuelven arrogantes y despectivos. ¿Quieren saber si alguien es ignorante y acomplejado? Denle poder. Extorsionará a todos. Eso es seguro.**

Se deja caer en su sillón y suspira. Toma del cajón una carpeta de argollas. Pasa las hojas lentamente hasta que se detiene en una. La extrae y se la alarga a Beatriz.

—Sácale copias y me la devuelves.

—Sí, maestra.

—Creo que, de entrada, no debo intervenir en el problema. Presenten la queja al director y, por favor, manténganme informada.

Salimos de la oficina. Mientras esperamos, pasamos de mano en mano el papel que la maestra nos dio. Más tarde lo insertaré en mi diario como una de las piezas más preciadas de la colección.

EL LÍDER TRIUNFADOR
Y SUS AYUDANTES DÉSPOTAS

El verdadero hombre de éxito es humilde. Celebra el triunfo de otros, los felicita, los elogia y se alegra sinceramente de la prosperidad ajena porque él mismo es próspero. Sabe que el sol sale para todos. Es tenaz, preparado, habla fuerte, se da su lugar, pero da el suyo a los demás y los escucha. Siente que en cada ser humano, sin importar su edad, raza o religión, hay algo digno de admiración. No conoce la envidia, pues su filosofía le lleva a pensar que Dios regala "paquetes" y no atributos individuales. Por ejemplo: puede detectar que su vecino posea tres cosas mejores que él, pero no las codicia porque sabe que si se le dieran las tres ventajas del vecino estaría obligado a cargar también con sus desventajas. Para un triunfador es incoherente decir "Dios mío, ¿por qué no me diste otro cónyuge u otra posición social?" **Sabe que lo que a él se le dio no es una pareja o una posición sino un "paquete" en el que se incluye compañera, hijos, trabajo, cerebro, salud, dones espirituales, aspecto físico, profesión, habilidades, amistades, etcétera; que cada ser humano cuenta con el "paquete" que justamente necesita, que cada "paquete" tiene una excelente combinación (carencias que equilibran las virtudes y virtudes que compensan las carencias) y que todas las personas son triunfadores en potencia si usan adecuadamente el "paquete" que se les dio.**

La posición de líder triunfador presenta, sin embargo, un problema siempre latente:

Atrae a los fracasados como la miel a las moscas.

Se acercan a él muchas personas envidiosas que desean a toda costa cosechar donde no han sembrado.

Los fracasados allegados al líder triunfador se convierten en SUBJEFES DÉSPOTAS.

Hijos holgazanes del papá rico.

Representantes de artistas, deslumbrados por la fama.

Gerentes intermedios.

Servidores públicos.

Funcionarios de gobierno.

Auxiliares de importantes personalidades...

Tienen con mucha frecuencia el complejo de "mira lo grande que soy".

Se envanecen de los triunfos de su jefe.

Tratan con desprecio a la gente.

La pulga sobre el perro cree que es ella quien camina rápido.

Ni el propio líder, que es casi siempre una persona muy ocupada, trata con prepotencia a los demás; pero el subordinado lo hace. Es un "tirano con fusil". Amenaza a todos mostrando el arma que se le dio: su credencial. Fanfarronea, bloquea los asuntos, roba e impone condiciones de dinero.

La pulga, por sí misma, nunca logrará tener poder, pero en cuanto la colocan sobre el perro ostenta su posición y se burla de las que están en el piso.

El líder triunfador debe cuidarse de ese tipo de rémoras.

Del mismo modo, la gente que sufre vejaciones y desprecios de subjefes déspotas siempre debe protestar, pues en ocasiones el líder es el último en enterarse del abuso de sus colaboradores.

—¿Tardará mucho el director?

—No creo —contesta la secretaria—. Está con los representantes de otro colegio que vienen a ofrecer un festival artístico. Si se ponen de acuerdo, tal vez las clases se suspendan en un rato.

Me levanto de mi asiento como impulsado por un resorte.

—Ahora vengo.

Salgo corriendo.

Voy directamente hacia la reja trasera. No me detengo ni un segundo a averiguar si el camino está libre. Trepo rápidamente por la esquina más baja, arrojo el portafolios a la calle y salto sin mirar atrás. Corro sin parar hasta mi casa.

Por fortuna mi madre no está. Con profunda pena destornillo de *Fred* el objetivo principal, dejándolo inservible, y me lo echo a la bolsa para correr de regreso a la escuela. En mi fuero interno hay una confusión enorme. Siento que traiciono a mi padre con esa acción, que pierdo para siempre mi posesión más valiosa, pero a la vez siento gozo al poder darle algo tan apreciado a Ariadne. De regreso me es mucho más fácil entrar a la escuela. La puerta está entreabierta y no hay ningún prefecto cerca. Las clases acaban de suspenderse pues, en efecto, la escuela técnica de Hermosillo, Sonora, ofrecerá un festival de exhibición en el patio central. Muchas sillas, extraídas de las aulas, han sido colocadas alrededor del patio.

No veo a nadie de mi grupo. Tal vez siguen en la recepción de las oficinas esperando audiencia. Tengo el impulso de ir a encontrarme con ellos pero busco al mismo tiempo a Ariadne con la vista. El festival está a punto de comenzar. Una voz femenina da órdenes, intentando organizar el repentino mercado hindú que se ha concebido de la nada.

Al fin localizo a la pecosa. Está sentada en las escaleras principales junto a una muchacha alta y delgada. Tres escalones más abajo se halla Sheccid conversando con un joven distinto del güero rapado. Me irrito. ¿Cuántos pretendientes tiene esa chica?

Me aproximo por un costado y vislumbro, justamente detrás de Ariadne, un pequeño espacio donde puedo sentarme. Corrijo el rumbo y, de espaldas a ellas, bajo los escalones sorteando a las personas que están acomodadas ya.

—Con permiso, con permiso, con permiso...

—¡Ay! Me pisaste, tarado.

—Perdón.

Llego al espacio vacío y tomo asiento con fingida naturalidad. Me acomodo detrás de la desprevenida chica en el escalón contiguo superior, a escasos centímetros de su oreja derecha.

Ariadne intercambia comentarios con la enorme flaca sentada a su izquierda. Soy incapaz de interrumpirlas. Dominado por una inseguridad atroz miro al frente.

Al cabo de un rato, la música del primer bailable comienza a escucharse y un conjunto de chicos vestidos de veracruzanos aparece brincoteando y azotando sin clemencia sus botas en el piso. Las muchachas dejan de conversar para poner atención a la danza. "Ahora o nunca."

Me acerco a ella para hablar.

—Ariadne... —voltea y abre mucho los ojos palideciendo—. Por favor —le digo—. No te asustes. No te enojes. Necesito hablar contigo —intenta ponerse de pie, pero la detengo suavemente del brazo—. No me tengas miedo. Soy incapaz de hacerte daño.

La chica me mira interrogante; se da cuenta de que, en efecto, está rodeada de compañeros y le será fácil pedir ayuda si es molestada, así que termina sentándose de nuevo.

—¿Qué quieres?

—Hablar contigo.

—Pues habla.

Asiento con la cabeza varias veces.

7

ARIADNE

Me quedo mudo. Ella aguarda. Me es imposible hallar la forma de comenzar.

—Eres muy extraño... ¿Qué es exactamente lo que quieres? —me dice al percatarse de que no me atrevo a hablar.

—No pretendo molestarte.

—De acuerdo, pero, ¿qué deseas entonces?

—Estoy desesperado por tantos malos entendidos. Es injusto, Ariadne. Como también es injusto lo que te hicieron a ti en el laboratorio de química...

No aparta de mí la vista. Empieza a mostrarse interesada pero aún cautelosa.

—¿Qué sabes tú?

—El ayudante del maestro me platicó todo. A mí también me fue mal. Por estar distraído, pensando en ti, el profesor me expulsó de la clase. Tengo tanto temor de que puedas malinterpretar esto que voy a decirte...

—Adelante.

Me armo de valor. Saco la lente de la bolsa y se la muestro.

—¿Pero qué es esto? —pregunta al reconocer la pieza.

—Mi padre me compró un microscopio profesional usado. Hace rato escapé de la escuela por la reja trasera y fui a casa para traerte la lente.

Se la entrego. Ella la recibe con verdadero asombro.

—No lo puedo creer... —estudia el objetivo de vidrio y encuentra que, en efecto, está en perfecto estado—. ¿Tienes idea de lo que esto significa para mí?

—Sí... —sonrío ligeramente al detectar que el gesto de la chica cambia—. Se lo puedes entregar al profesor del laboratorio antes de la hora de salida y te levantará el castigo.

—Pe... pero... —la joven vuelve a mirar el objetivo con la boca abierta—. Dejaste inservible el aparato que te regaló tu papá. Además, ¿sabes a lo que te arriesgaste? Si te hubieran sorprendido saltando la reja, hubiésemos sido *dos* los severamente castigados... No te entiendo. ¿Por qué lo hiciste?

—Es lo menos que puedo hacer por ti. Tú me salvaste la vida.

—¿Yo? ¿Cuándo? ¿Estás bromeando?

—No. Literalmente me habían secuestrado cuando me conociste... en aquel automóvil rojo...

La joven me mira con semblante impresionado.

—Sigue.

—No te percataste, pero pude escapar gracias a que abriste la puerta antes de echar a correr. El otro compañero, que estaba en el auto antes de que yo subiera, fue quien te persiguió. Creo que cometió un grave error. Huyó con aquel tipo. Desde entonces nadie sabe dónde está.

Ariadne tarda varios segundos en organizar sus ideas antes de comentar con voz casi inaudible:

—Entonces fue como lo imaginé. Pero —entrecierra un poco los ojos en gesto de desconfianza—, me sentí muy confundida cuando, semanas después, ocurrió lo de aquel coche negro que se acercó por detrás de nosotras para...

—Siempre he sido relegado por mis compañeros —confieso—, trataba de adaptarme a ellos. Cuando protesté por lo que habían hecho, me arrojaron a la calle.

—Casi te matan. Me consta.

Levanto el cabello de mi frente para mostrarle la cicatriz.

—Me dieron tres puntadas.

—Aunque, pensándolo bien —dice sonriendo—, todo fue muy divertido.

Tomo un insecto extraño del suelo, le doy un pequeño golpe para hacerlo correr por la palma de mi mano, pero éste extiende sus alas y se eleva. Entonces comento con voz baja:

—Honesta, sinceramente, quiero que seas mi amiga.

La chica me mira a los ojos en silencio. Quizá ni ella misma sabe el motivo de sentirse de pronto desarmada.

—No quiero malinterpretar las cosas, así que explícame. Todos saben que estás enamorado de... —señala con un gesto a Sheccid—. ¿Deseas que te ayude a acercarte a ella?

—No precisamente. Pero, ¿cómo te explicaré? Dice Oscar Wilde que la diferencia entre un amor verdadero y un simple capricho es que este último es más intenso y duradero. Me gustaría, sí, que me ayudaras a conocerla mejor para acabar con el capricho.

Ariadne levanta la pierna izquierda dando totalmente la espalda a la larguirucha.

—¿Por dónde comenzamos?

La autopista a Querétaro está despejada. El reloj apunta las siete de la noche y mi hermanito me sigue pedaleando con ligereza. Se vislumbra una enorme pendiente. Acciono el desviador para cambiar la cadena a un piñón mayor y abro paso al pequeño de siete años indicándole que debe empuñarse de la parte inferior del manubrio. Su figura en la bicicleta es atrayente. Tiene un buen estilo y llama la atención al pasar. Mi padre nos escolta con el coche, sacando por la ventana una bandera roja.

—¡ARRANCA YA! —le grito a mi hermano—. ¡ACELERA A TODO!

Está por terminar su entrenamiento y el pequeño embala con asombrosa soltura. Doscientos metros adelante pone fin a su práctica haciendo patinar las llantas sobre el pavimento mojado.

Oscurece con demasiada rapidez. En el cielo se dibujan algunas nubes que muestran una amenaza de lluvia atroz.

—¿Continúas?

—Sí, papá. Hasta Lechería por la autopista.

Sigo pedaleando con entusiasmo. Lo bello del ciclismo es que puedo recordar los detalles del día mientras entreno.

Cuando Ariadne se mostró dispuesta a tenderme su mano de amiga y ayudarme a conocer a su compañera, le pregunté:

—¿Cómo se llama?

—Sheccid... —aseguró soltando una afable risa infantil.

—No lo tomes a juego, por favor.

—¡Así se llama! Todos en el salón le decimos así ahora y francamente creo que a ella le fascina.

—Siempre fui muy solitario —comenté—, hasta que la conocí a *ella*. Ocurrió un cambio muy profundo en mi vida al darme cuenta de la intensidad con la que podía necesitar a alguien. Comencé a declamar para que se percatara de mi existencia.

—Pero la declamación te ha hecho muy popular en el colegio. Decenas de chicas aceptarían, con los ojos cerrados, ser tus novias.

—Me da exactamente lo mismo.

—Es a Sheccid a quien quieres...

No era una pregunta y la frase flotó en el aire con toda su irrefutable verdad.

—Y también a ti.

—¡Ah! ¿De modo que aspiras a formar un harén?

Reímos. Observé detenidamente a la joven por primera vez. Se veía hermosa. Como muñeca de juguete con caireles a los lados, pecas, mejillas sonrosadas y enormes ojos redondos.

—Háblame de ella.

—¿Qué quieres que te diga?

—Todo. Todo lo que sepas. ¿Quién es en realidad?

—La "Sheccid" de tus sueños debe de ser muy especial, pero francamente no sé si coincida con la que tienes sentada al frente. Necesitas conocerla personalmente. Yo sólo puedo decirte que es muy inteligente, posee ideas bien definidas, asombrosamente claras y acertadas. Buen humor; ¡si sólo la conocieras! Es imposible estar a su lado sin reír; además, físicamente... tú debes saberlo mejor que yo.

—Es extraordinaria —susurré pensativo—. Oye, un joven alto de nariz aguileña y pelo rapado como militar, ¿quién es?

—¿Samuel? —rió—. No te preocupes por él. Es su hermano. Preocúpate por el que está platicando con ella ahora. Se llama Adolfo. Está muy insistente por conquistarla y a ella le gusta, debe de gustarle. A todas nos gusta. No hay una sola de nosotras que no opine que Adolfo es hermoso.

—¿Hermoso? —pregunté sin poder evitar un gesto de repugnancia.

—Si sólo fuera un poco más romántico y varonil —aclaró—. Creo que debes empezar a actuar, aparecer en la vida de ella cuanto antes, no sea que se deje engatusar por ese soberbio sin saber que alguien como tú la quiere...

Me sentí alegre al recordar la similitud de ese comentario con el cuento de mi abuelo.

—Eres adorable, Ariadne.

—Si te tardas yo voy a aparecer coqueteando en tu vida.

—¿Juegas con todo?

Posó una mano en mi brazo.

—Quiero devolverte el enorme favor que has hecho por mí hoy. Estoy siempre cerca de ella y podré informarte de sus pensamientos, de sus emociones, con la condición de que te acerques a ella *ya*, ¡mañana mismo! Háblale. Dile lo que sientes. No tienes por qué seguir esperando más.

Por mi mente cruzó la idea de que esa chica pecosa de ojos enormes y cara de muñeca también valía mucho.

—Gracias, amiga...

—Y con respecto a lo de tu harén... Si decides algún día formarlo no te olvides de llamarme...

Me limité a observarla. Me inundó un cariño espontáneo y verdadero hacia ella. Le tomé una mano y deposité un suave beso en su mejilla.

Pedaleo cada vez con más rapidez, motivado por los recuerdos.

Cuando paso por Lechería me siento tan fresco que decido seguir entrenando.

Empieza a lloviznar y giro a la derecha para internarme en la angosta carretera al Lago de Guadalupe. No recibo ninguna señal, así que continúo. A mi padre le gusta que entrene duro y yo sé que debo hacerlo si quiero llegar a ser campeón nacional. La lluvia se hace más intensa y el negro manto que nos circunda es cada vez más impenetrable. Un perro comienza a aullar arrebatadamente. Es algo muy común en estos lugares, pero al primero le siguen otros. Puedo ver perfectamente la carretera empapada, brillando, pero está demasiado oscuro alrededor. Uno de los perros sale a mi encuentro. Me voy contra él deliberadamente y éste se aparta dando un salto a la orilla. Entonces escucho que los ladridos provenientes de las casuchas hundidas en tinieblas por su mala iluminación aumentan. No puedo ver a los perros hasta que se encuentran a un metro de distancia. Son muchos. Todos tratando de alcanzarme las piernas que han perdido su ritmo y pedalean con más fuerza sólo para salvarse. Empiezo a zigzaguear lo más bruscamente que me permite el pavimento mojado y el claxon del auto suena una y otra vez. Cuando aparecen más atacantes, desmonto la bomba de aire y, empuñada en la mano izquierda, comienzo a repartir golpes que zumban en el viento húmedo antes de chocar con los huesudos perros. La bocina del auto hace su escandalosa parte. Las luces largas me permiten ver una enorme bajada próxima. Coloco la bomba de aire en su sitio y pedaleo con fuerza para llegar a ella. En cuanto la bicicleta va cobrando velocidad los canes se quedan atrás. Sonrío. *Perfecto.* Hago un cambio con la palanca a un piñón más pequeño y monto la doble multiplicación, pero tan bruscamente que la cadena salta en el engranaje central y cae hacia fuera. Por un momento me desequilibro; mi velocidad aumenta y por la imperfección del pavimento la cadena bailotea de arriba abajo provocando el peligro de trabar la rueda trasera. Siento miedo. La pendiente llena de curvas se vuelve más pronunciada cada vez y la lluvia, también en aumento, empieza a golpearme sin clemencia el rostro, obligándome a cerrar los ojos e impidiéndome ver con claridad el escurridizo camino cuesta abajo.

En una de las vueltas más inesperadas, la luz del auto deja de alumbrarme por completo y me enfrento a una oscuridad implacable.

Aprieto desesperadamente los frenos temiendo salirme del camino, mas las gomas no pueden sujetar la rueda mojada y el cable del freno trasero revienta. Estoy a punto de perder el equilibrio, pero las curvas terminan y al entrar a una prolongada recta las luces del auto van apareciendo lentamente detrás de mí. Distingo un bulto grande como una bolsa de basura a mitad de la carretera. Me orillo para esquivarlo. La luz del coche me alumbra al fin con claridad. Paso junto al obstáculo y vuelvo la cabeza hacia atrás para averiguar qué es. Las llantas del auto patinan al esquivarlo y el fugaz resplandor me dibuja exactamente el rostro de un hombre atropellado, empapado por la lluvia en el charco de su propia sangre.

Mi padre me obliga a detenerme en el primer poblado para pedir ayuda. Regresamos al sitio y casi de inmediato llegan varias patrullas y ambulancias. Por fortuna el accidentado aún está con vida y confiesa haber sido arrollado por un camión. Eso nos exime de toda responsabilidad y los policías nos dejan ir.

Camino a casa me encorvo en el asiento, abrazándome las piernas dobladas sobre mi pecho. Estoy empapado. Tiemblo. Más de miedo que de frío.

—¡Nunca debiste entrar a esa carretera! ¡Y lo sabes! Te he dicho que debes detenerte en el cruce de la autopista. Sobre todo cuando entrenas a esta hora —mi padre me reprende con severidad—. ¡Caramba, hijo!, sentiste que empezó a llover y tú conoces esa ruta; ¿qué no piensas? ¿Por qué nunca me obedeces?

—Voy a ganar el campeonato nacional.

—¡Sí! ¿Pero a qué precio? ¿Viste la forma en que te arriesgaste? ¡Piensas que tus padres te dicen las cosas por molestarte! Si te ordeno que vayas a algún lado no vas, si te ordeno que repares una cosa no la reparas, si te pido que cuides a tus hermanos, no lo haces. Eres un hijo que deja mucho que desear.

Me tapo los oídos. Sé que tiene razón pero sus palabras me hieren. Mi hermano va en el asiento trasero atento a la conversación.

—Papá, no lo regañes... —la voz del pequeño se interpone entre nosotros con la transparencia de un niño—. Tal vez Dios quiso que él entrenara por ahí para que viéramos al señor que atropellaron, le habláramos a los doctores y pudieran salvarle la vida.

La sabiduría infantil se impone. Algo que sólo Dios sabe. La reprimenda de mi padre termina automáticamente.

Son las 6:30 de la mañana. Salgo de casa apresuradamente. Tengo que caminar a buen paso para llegar temprano al colegio. Apenas doblo la esquina un tipo se cruza en mi camino. Me hago a un lado para continuar mi ruta y se vuelve a cruzar. Levanto la cara. Me quedo frío.

—No pensabas encontrarte conmigo, ¿verdad?

Giro la cabeza buscando alguna persona cercana a quien pedir ayuda. No hay nadie. Tampoco veo, esta vez, el automóvil rojo del hombre por ningún lado.

—Luciste muy valentón el otro día con tus amigos. Rompiste mi material.

—¿Dónde está Mario?

—¿Quieres saberlo? Aquí está...

Sin que pueda prevenirlo, el sujeto me da un golpe directo al abdomen con el puño derecho. Caigo al suelo totalmente sin aire.

—Sé dónde vives —comenta sacudiéndose las manos—. Estaré en contacto contigo para darte mayor información.

CCS: Martes, 15 de octubre.

Fui con mis padres a la policía. Un sujeto de imponente apariencia, llamado Tomás Benítez, se presentó como comandante en turno y, aunque no quiso pasarnos a su privado, nos aseguró que hallaría al sujeto. Le pidió a mi padre dinero para algunos gastos. Le dijo que era forzoso implementar un dispositivo de seguridad para protegerme en el trayecto de mi casa a la escuela y viceversa. Mi papá se negó a dárselo. El tipo se enfureció. Papá exigió hablar con su superior. Entonces recuperó la compostura y aseguró que haría lo posible por ayudarnos. No me gustó el hombre. Tengo la sospecha de que es un subjefe déspota que usa su puesto para enriquecerse.

Leí que **el ser humano se corrompe en tres etapas**. Mario comenzó a corromperse. El promotor pornográfico. Sabino y su pandilla. Tomás, el policía. ¿En qué etapa se encuentra cada uno? ¿Cuál es el proceso de degradación al que estamos expuestos? Según el Salmo 1, los pasos son muy claros:

PRIMERA ETAPA DE CORRUPCIÓN

Con profundo temor y aprensión, la persona *sigue el consejo de los impíos* **haciendo algo que sabe equivocado. Se siente nervioso al hacerlo, pero satisface a los amigos que lo presionan. El ladrón, el asesino, el adúltero; el infractor en sí actúa con inseguridad y temor cuando lo hace por primera vez.**

SEGUNDA ETAPA DE CORRUPCIÓN

Adquiriendo paulatinamente confianza en que las fechorías cometidas no serán castigadas porque se realizan con maestría, *se va por la senda del mal,* **y la persona mentirosa, promiscua, infiel o manipuladora se convierte en "deshonesta triunfadora". Miles de corruptos se jactan de ser expertos en engañar sin ser descubiertos.** Pero no hay nada de eso. Sólo están en la segunda etapa.

TERCERA ETAPA DE CORRUPCIÓN

Se ha adquirido tal egocentrismo y cinismo en la práctica del mal que el sujeto *se sienta en el banco de los burlones,* **haciendo escarnio de cualquiera que trate de ser bueno.** En esta etapa la persona dirige con frecuencia grupos de truhanes, tortura, amenaza y ridiculiza a la gente honesta. El banco de los burlones es el grado máximo de perdición. **Lo que sigue siempre es un abismo negro en el que los castillos de grandeza se derrumban aplastando al degenerado y acabando con su familia.**

Pasado mañana iremos a ver al comandante Tomás para saber cómo van las investigaciones.

Por lo pronto, debo aprender a vivir con la amenaza latente de volverme a encontrar, en cualquier momento, al tipo del auto rojo.

8

¿QUIÉN IRÁ POR EL LIBRO?

Hora de deportes. Hay que montar la red para jugar voleibol. Trepo al asta y Rafael me lanza la soga para atarla. Salvador da instrucciones desde abajo, en medio del público que se ha reunido alrededor. Desde mi alta posición soy el primero en descubrir a Sabino que se acerca. Entra corriendo al círculo y con tremenda premura se coloca detrás de Salvador, apresa con las manos su *short* y de un tirón lo baja, junto con los calzoncillos, hasta el suelo, dejándolo semidesnudo. Sale corriendo y se pierde. Alguien suelta una carcajada. Salvador tarda en darse cuenta de que muestra ante todos sus pundonores y, encendido en rubor, sube calzoncillos y pantalón corto en una reacción que, por su retardo, ha provocado que hasta los más distraídos tengan tiempo de mirar.

Empiezan las prácticas de voleibol. Formamos círculos para volear la pelota. Salvador se ve frustrado por el incidente, así que cada vez que alcanza el balón lo dispara al otro mundo trazando espirales en el trayecto. La escuela está en silencio; únicamente se escuchan nuestros gritos y risas en el patio principal; sólo las chicas del taller de contaduría no tienen clase y, aburridas de esperar a la profesora, han comenzado a llegar a las canchas para vernos jugar. Me pone nervioso saber que Sheccid puede estar cerca. El corazón me da un salto cuando la encuentro.

¿Pero qué hace? ¿Es mi princesa la joven que arrastra un bote de basura y vacía en él el contenido de los demás? ¡Increíble! ¡Recolectar los desechos de salones y pasillos representa el castigo más terrible para los indisciplinados!

Sin dejar de jugar, la sigo discretamente con la vista. Sube las escaleras del edificio de enfrente. Seguramente pasará por mi salón vacío para recoger la basura. A Salvador le llega la pelota y le da un fuerte golpe que la manda a China.

—¡Ahora vengo! —grito y corro al edificio.

Al remontar las escaleras tiemblo.

Entro de súbito al aula vacía. Pero no. No está vacía. Sheccid se sobresalta al verme, sostiene con las manos el bote de basura pequeño para depositar su contenido en el grande. Después del susto reacciona con una gracia y sencillez que no le conocía.

—Hola —dice—, ¿qué tal si me ayudas con esto que pesa mucho?

Me apresuro a levantar el bote y a vaciarlo donde me indica. Luego me vuelvo hacia ella. Se ve increíblemente hermosa, agitada por el trabajo físico; el tono de su piel enrojecido y sus cabellos desaliñados le dan la apariencia de una joven atleta que acaba de terminar la competencia.

—Pero, ¿por qué haces esto? Es un castigo muy duro por algo...

—No hice nada malo —se apresura a aclarar.

—¿No?

—Bueno... no creo que lo sea —discurre un momento y luego habla—: Salté la reja de atrás para ir a conseguir las piezas de un microscopio descompuesto.

Me quedo clavado sin saber qué responder. Toso.

—Entonces debo ayudarte —contesto haciendo gala de ingenio—. Yo hice eso mismo en otra ocasión y no me reprendieron —Sheccid me mira de soslayo con la cabeza ligeramente ladeada, en un magnífico gesto de coquetería—. Podemos terminar esto juntos, ¿sí?

—De acuerdo —y al escuchar su consentimiento todos mis órganos olvidan cómo comportarse; mi estómago da golpecitos y mi corazón empieza a digerir el desayuno de la mañana.

La profesora de voleibol pregunta por mí a grandes voces.

Salgo corriendo y me detengo en el barandal.

—Ya voy, maestra, vine por unas monedas.

—Date prisa.

Sheccid toma su bote y sin decir nada, sin siquiera despedirse con una palabra o con los ojos y con un ademán de apremio, sale del lugar como si yo no estuviese ahí.

¿Por qué ese gesto de desprecio, esa despedida tan inexistente después de un saludo... tan existente?

Bajo despacio. Me espera la red; por haberme ido tendré que desmontarla. El grupo camina hacia el aula. Rafael se ofrece a ayudarme. Subo al mástil de nuevo. Desato la soga desganado y me deslizo por el tubo susurrando inconscientemente los estribillos del *Madrigal* de Gutierre de Cetina:

Ojos claros, serenos, si de un dulce mirar sois alabados,
¿por qué si me miráis, miráis airados?
Si cuanto más piadosos, más bellos parecéis
a aquel que os mira, no me miréis con ira,
porque no parecéis menos hermosos.

Al subirme al segundo poste *la* descubro. Brinco de inmediato delegándole a Rafael el resto de la tarea. Mi amigo suelta una mala palabra y me mira alejarme hacia donde vislumbré a Sheccid.

Está de espaldas en el rincón del patio. Aparentemente termina su ardua labor con esos recipientes.

Llego con cautela por detrás. La toco en el hombro con suavidad, con mucha suavidad, y aun así da un respingo de sorpresa.

—¡Oye! —dice al verme—. Me has asustado dos veces en el día. ¿Qué te propones?

Su gesto está lleno de verdadero disgusto.

—Quiero hablar contigo.

Se da la vuelta para recoger del suelo el último bote y vaciarlo en el tambo; no parece dispuesta a atenderme y me siento ofendido. Ya es hora de comenzar a hacerme valer. La detengo por el brazo izquierdo.

—¿No me escuchaste?

Se queda paralizada cargando el bote en el aire. En otras circunstancias me apresuraría a ayudarla, pero en esta ocasión la basura puede esperar. Debe esperar.

—Suéltame —susurra.

Obedezco y ella deja caer el pesado recipiente de metal en el colchón de basura.

—Maldición.

—Yo lo sacaré. Pero antes atiéndeme. Por favor...

—Supongo que será algo muy importante.

Tardo en responder. Mi voz se rehúsa a salir. Me examina mientras tanto. La reciente experiencia de haber hablado con Ariadne me da la seguridad de que podré hacerlo también con Sheccid. Comprendo, sin hacer mucho caso a la idea, que **todo en la vida es cuestión de experiencia. Para hablar en público no bastan cursos o teorías. Hay que hacerlo. Para nadar hay que lanzarse al agua. No se aprende con libros. La experiencia es oro en el crecimiento humano.** Recuerdo sin querer cierto ejemplo de un libro de mi madre. **Le preguntaron a un maestro virtuoso qué se necesitaba para alcanzar la perfección en cualquier disciplina y él aseguró: "Se requieren tres cosas: número uno, práctica; número dos, práctica, y número tres, práctica."**

—Necesito decirte algo, Sheccid... —comienzo—. Estoy harto de callar —me observa expectante—. Durante mucho tiempo he sentido tristeza, vacío interior, siempre me he conformado con escribir... —hago una pausa sintiendo la energía desordenada; estoy desesperado por demostrarle mis sentimientos, por conseguir que me conozca y me comprenda—. Tú le diste un matiz distinto a esa soledad —continúo tratando de calmarme—. Desde que supe que existías empecé a creer que en ti encontraría a la persona capaz de llenar el enorme hueco que hay en mí, a la persona a quien yo mismo pudiese ayudar y amar... —una poderosa melancolía me invade. No quiero que ella se percate, pero debo terminar, así que inhalo profundamente para atenuar la emoción que me domina—. Esta vez he venido a decirte lo que siento por ti... —continúo con voz baja—: lo que he sentido siempre, aunque no sirva de nada y aunque no lo creas, pero... es cierto... —y lo digo despacio con claridad—: Me gustas... te admiro... te quiero...

Su rostro parece tornarse tenso y un ligero rubor revela turbación. Permanece callada, mirándome con atención. En sus ojos puede leerse cada pensamiento: se siente halagada, conmovida, asombrada.

—Siempre te consideré un muchacho tímido y torpe para expresarse —comenta—. Qué equivocada estaba.

—Quiero que seas mi novia.

—Es... un poco sorpresivo todo esto.

Me inclino sobre el tambo para sacar el bote de basura que dejó caer cuando la abordé.

—¿Por qué te castigaron?

—Un compañero de mi salón me molestaba. Es un bromista. Quería mojarme con un globo lleno de agua y yo me defendí. Tomé la cubeta de basura y se la arrojé. El prefecto me vio. Por desgracia el bote rodó por la escalera e hizo un batidero.

Muevo la cabeza imaginando la escena.

—Procuraré no molestarte nunca con globos llenos de agua.

El pequeño solar empieza a llenarse de compañeros y cada vez es más difícil la conversación.

—Gracias por tratar de ayudarme —comenta.

—Me gustaría que pensaras en lo que te he dicho. La próxima semana hablaremos. ¿Te parece?

Asiente. Es un trato justo. Y yo me siento feliz, cavilando en que ella pensará en mí por primera vez, como yo he pensado en ella aun antes de conocerla, desde que el abuelo me contó el cuento de la princesa...

CCS: Miércoles, 16 de octubre.

Papá llegó furioso del trabajo.

Fue a la delegación de policía a preguntar cómo iba la pesquisa y se enteró de que el *comandante* Tomás Benítez fue dado de baja de la corporación hace tres años.

—¿Cómo es posible? —gritaba colérico—. Ayer estuvimos a punto de darle dinero para que implementara un operativo de seguridad. Es un vividor. Un ladrón. ¡Quería tomarnos el pelo...!

Mi padre es de carácter fuerte, pero pocas veces lo he visto tan alterado. Durante toda la cena no paró de injuriar al timador ex policía. Dijo que **México es un gran país. Una nación extraordinaria, llena de grandes tradiciones y valores**. Aseguró que los mexicanos somos hombres trabajadores, leales y de enorme calidad humana, pero la corrupción se ha infiltrado en nuestros sistemas. Hay que acabar con la mentira, los fraudes y los robos...

Después se calmó un poco y filosofó respecto al doblez del ser humano. Me impresionó todo lo que dijo. Por eso en cuanto terminamos de cenar vine inmediatamente a mi habitación para escribirlo. No quiero olvidarlo jamás:

La carrera de leyes se especializa en detectar mentiras. Quien comete ilícitos siempre lo niega, la carga legal exige al inculpado demostrar que se ha mentido en contra de él. Los hombres viven envueltos en mecanismos para defenderse de la mentira de otros. La política y la diplomacia son las ciencias de la hipocresía. Si la gente fuera veraz no harían falta contratos, fianzas, juicios, garantías, letras, pagarés, actas... Todo documento "serio" está firmado por varios testigos, respaldado por identificaciones personales, avalado por leyes que protegen contra el incumplimiento y garantizado por penas convencionales.

La personalidad del ser humano tiene tres niveles. El primero de ellos es la APARIENCIA. *Para conocerla basta con ver a la persona*, **observar su vestimenta, su peinado, su forma de hablar y de conducirse. Es fácil mentir en este nivel.**

El segundo nivel de la personalidad son las ACTITUDES. Para conocerlas, *se necesita platicar con la persona*, **saber qué piensa de su familia, de su trabajo, de sus amigos, saber si es positiva o negativa, constructiva, dañina o traicionera... También en este nivel es posible mentir.**

El tercer nivel de la personalidad son los VALORES INTRÍNSECOS. Para conocerlos, no es suficiente conversar con la persona... *hay que vivir con ella*. **Sólo quienes conviven a diario con nosotros y nos ven reaccionar en todo tipo de circunstancias saben cuáles son nuestros valores vertebrales. En este perímetro ya no es posible mentir. Todo es transparente. Todo sale a la luz.**

Mi padre aseguró que Tomás Benítez nos engañó fácilmente con su apariencia (a mí me ha ocurrido lo mismo con *otras* personas). Su actitud, sin embargo, cuando hablamos con él despertó en nosotros cierta desconfianza, pero el sujeto jamás podrá engañar ni a su esposa ni a sus hijos, pues **el valor intrínseco de la gente se revela en su más profunda intimidad: en sus prácticas sexuales, en la forma en que se gana la vida, en la manera de tratar a sus seres queridos, en sus hábitos privados... Sólo en la vida secreta se desenmascara al moralista hipócrita o se descubre al verdadero hombre de bien.**

Suena el timbre para salir de la escuela. Tengo enormes deseos de ver a Ariadne. Anhelo conversar con ella. Siento por la pecosa un aprecio muy especial, como si la conociera de toda la vida. Así que voy en su busca. Me dirijo al aula 19. Subo corriendo las escaleras y al llegar al pasillo la veo. Está sola, recargada frente a la puerta, esperando a alguien. Me mira y sonríe con alegría.

—¡Hey! ¡Qué gusto verte! —se acerca resplandeciente, a grandes pasos—. Me dijo que hablaste con ella, pero se rehúsa a contarme nada, tal parece —hace una carantoña y alza el brazo— que has hecho todo un *tour de force*. La has dejado perfectamente *knock-out*.

—Ah, ¿de verdad?

—¡De verdad! Conozco a Sheccid y sé cuándo empieza a trastabillar.

—Entiendo —en realidad no entiendo nada.

Percibo una sigilosa presencia a mi lado izquierdo. La confidencia ha terminado antes de comenzar. Sheccid llega hasta nosotros mecánicamente, como si hubiese sabido que yo iba a estar con su amiga. Casi de inmediato se nos une la joven delgada y larguirucha junto a la que Ariadne se sentó en el festival.

—Te presento a Camelia.

—Mucho gusto —la saludo desganado.

Comenzamos a caminar y ellas a discutir otros asuntos. Las oigo departir y sin embargo no las escucho. Bajamos las escaleras.

—El nuevo profesor de matemáticas es demasiado exigente —opina Camelia.

—Sí, todo lo contrario del joven "barco" que te pasaba con diez a cambio de una sonrisa coqueta —remata Ariadne.

Ríen, mi amiga pecosa se ve feliz y Sheccid un poco abstraída. Aguzo mis sentidos cuando la escucho hablar.

—Ya no se trata del mismo novato figurín y ahora hay que estudiar duro. Creo que iré a comprar el libro que nos encargó.

—*Trigonometría y geometría plana* —supone Ariadne con locución gangosa.

—Exacto. No voy a arriesgarme a bajar de nivel por no decidirme a comprarlo. Iré esta tarde a la librería.

—Qué bueno —dice Camelia—, me solucionas el problema; si te doy el dinero, ¿podrás comprar uno más para mí?

—No me digas; eso sí que no. Tú me acompañarás, ¿o quién lo hará?

—Yo no puedo esta tarde.

Salimos de la escuela y empiezo a interesarme en la charla. Sheccid habla con mucha seriedad. La oigo decir que sus padres no estarán y que ella necesita ir por el libro. Pero Camelia no puede... Entonces Ariadne... Oh, lo lamenta pero tiene un compromiso... ¿Y ahora qué va a hacer? A ella no le gustaría ir sola en autobús hasta allá.

Hay un silencio cortante, repentino. Ariadne me da un leve codazo. Me pongo tenso. Puedo solucionar su problema, pues tengo el libro y sería fácil prestárselo, pero, ¿es lo más conveniente? Ariadne vuelve a hacerme una seña para que aproveche la oportunidad.

—Yo, Sheccid... yo podría acompañarte —finjo animarme—. Podríamos ir a la librería juntos. También necesito comprar un libro y tenía planeado hacerlo esta semana —mis palabras se mecen en el aire. Nadie habla. Ella titubea, dando la impresión de desear encontrarse en cualquier otro lugar—. ¿Qué dices? —insisto—. Podemos vernos aquí en la escuela y tomar, en el camino, un delicioso helado de chocolate.

—Este... Tal vez no vaya —responde con expresión inquieta—, tal vez no esta tarde.

Pero su anterior insistencia se hace presente.

—Vamos, Sheccid —dice Ariadne dándole un golpecito—, anímate. Yo en tu lugar iría. Te lo aseguro; siempre que fuera con un acompañante como éste... —arquea las cejas—. ¿Verdad que también tú lo harías, Camelia? —Camelia se despeja la garganta cohibida—. ¿Lo ves? —prosigue Ariadne—. Ella iría encantada y tú también, ¿eh, Sheccid?

—Pues... —se interrumpe y adivino lo que hará. Es obvio, una excusa más y librarse del compromiso, lo espero y casi lo deseo cobardemente. ¿Iría con ese acompañante? Mi princesa sonríe en una mezcla de dulzura y malicia—. Pues claro que sí —contesta al fin—, no me vendría mal un helado de chocolate si tengo que ir por el libro.

Ariadne irrumpe en aplausos. Camelia la imita. Yo creo no haber escuchado bien. ¿Aceptó? Eso parece. El escándalo de las amigas ratifica lo que mis oídos no se atreven a creer.

—¿Te parece si nos vemos aquí mismo —sugiero—, a las cuatro y media?

—Sí. Pero qué tal si mejor nos vemos en la parada de autobuses de la esquina.

—De acuerdo —le extiendo la mano para despedirme y miro luego a Ariadne (eres increíble, ¡adorable!)

Comienzo a alejarme.

—¡A las cuatro y media, no lo olvides! —grita Ariadne como si yo fuese capaz de olvidar una cita como ésa.

9

HELADO DE CHOCOLATE

Le pido prestado su coche a mi madre cautelosamente, casi con demasiada reserva, pero en vano; tiene planeado salir esta tarde y lo usará.

Cierro la puerta del baño y alcanzo la perilla de la regadera. La abro. Sin duda, en auto hubiese sido un paseo mucho más íntimo, música suave, ventanillas cerradas y una conversación totalmente personal... Pero no es soñar lo que me hace falta, la realidad es otra y tengo que prepararme para ella. Termino de desvestirme y de un leve tirón abro la puerta corrediza de la tina. Al momento me introduzco en la cálida niebla y vuelvo a correr la puerta para que no se escape el vapor. Me tiendo en el agua y cierro los ojos. Lo primero que debo hacer es aceptar que me estoy dando un baño a las tres de la tarde, lo cual no es algo corriente; después del primer paso, el segundo: darme prisa. Ya no queda tanto tiempo. Usaré mi mejor ropa. No. Tal vez no mi mejor, debo vestir con propiedad, como se viste la gente cuando va a comprar un insignificante libro. Mi segunda mejor ropa. Después el tercer paso: no dormirme en la tina, ¿o quién irá con ella a comprar el libro si me ahogo?

Cuando llego a la escuela son las 4:15. Quince minutos temprano. Ella no está en la esquina convenida. Voy a echar un vistazo a la escuela y advierto bastante actividad en el interior, pero las clases del turno vespertino no tienen nada de fantástico y son las 4:20 ya. Regreso al lugar de la cita. Primero corriendo, después lento. No ha llegado.

4:30 de la tarde. La papelería está cerrada, la tortería, la cafetería. Muy poca gente pasa por la calle a esta hora.

4:40. Las ideas comienzan a deprimirme, ideas que vienen una detrás de otra, ideas desagradables. Recuerdo la forma en que aceptó ir. Sus amigas la presionaban y yo lo hacía, no podía negarse habiendo dicho antes que necesitaba ir. La mejor forma de librarse del compromiso fue ésa, decir que iría y no ir. La excusa por la que no acudió a la cita será mucho más sencilla de inventar... Es una chica inteligente y yo un tonto. Ni más ni menos. Hay que empezar a desenmarañar los planes...

4:45. Pasa el autobús por quinta ocasión desde que llegué. No queda mucho que decidir; dando las cinco en punto me iré a casa y olvidaré esto. Pero la tarde prometía tanto...

4:50. Pasa otro camión. Empiezo a cansarme. Me siento en la banqueta. *¡No, animal! Te ensucias el maldito pantalón.* Me pongo de pie. Me sacudo.

Las 5:00 de la tarde. Y bien, ¿qué otra cosa puedo hacer? Tal vez comprarme un helado en el camino de regreso. Es una lástima. Meto las manos en los bolsillos y cabizbajo inicio el regreso a mi casa.

Voy doblando la esquina cuando creo escuchar mi nombre a lo lejos. Vuelvo la cabeza.

Son las 5:10 y mi corazón se hace añicos. No puedo creer, no quiero. Hago un movimiento hacia atrás y me apoyo en la pared. Intento sonreírle pero no estoy seguro de lograrlo. Se ve descomunalmente más hermosa que otras veces, sin uniforme, vestida con un overol corto color verde botella. Sus formas de mujer se realzan con el traje ceñido de una sola pieza, que a la vez le da un toque deportivo y juvenil. Es como si apenas la conociera, como si fuera la primera vez que la viera, su imagen es encantadora. Las mejillas sonrosadas. Los ojos de color esmeralda, quizá por el reflejo de su ropa. Camino hacia ella.

—Hola —saluda unos pasos antes de llegar—, ¿ya te ibas?

Tardo en responder. Aún no logro ubicarme. ¿Es ella? ¿Ha acudido? ¿Es posible tanto cambio en alguien a quien apenas vi hace unas horas?

—Sí, tengo ya bastante tiempo aquí.

—Lo siento...

Su traje verde termina en pantalones cortos abajo y deja un generoso escote cuadrado arriba. El resto del atuendo la hace ver como una auténtica niña. Nada de medias, tacones o maquillaje. Trae calcetas y zapatos bajos.

—¿Tuviste algún problema?

—No...

Noto otra cosa anormal. Que soy ligeramente más alto que ella. En parte por mis botas y en parte por sus zapatos de piso. Quizá se los puso deliberadamente para estar más baja que yo. Formamos una pareja perfecta. Sonrío levemente, observándola.

—Me agrada mucho verte.

Agacha la cabeza tímidamente, se remoja los labios y articula:

—No quise ser impuntual, de verdad.

—Olvídalo, valió la pena esperar.

Asiente con una sonrisa. Sobre los ruidos de la calle se destaca el sonido de un motor pesado. El autobús *Satélite-Cuatro Caminos* está parado y no tardará en partir.

—Vamos —pero nos encontramos un poco lejos, así que la tomo de la mano y corro con ella.

Se iba ya, pero el chofer lo detiene al vernos llegar.

Le cedo el lugar al subir. Pasa de largo frente al cobrador y camina sin titubeos hasta tomar asiento en una de las últimas filas, que tiene dos sitios vacíos. Me agrada pagar el pasaje de ambos. Es lógico, pero ya no existen muchas chicas que sepan que la cortesía no sólo depende del hombre. Por lo general si sales en auto con una, por mucho que te apresures a bajar y rodear el coche para abrirle la puerta, cuando llegues a ella ya habrá bajado y estará mascando chicle, lista para caminar con su bolsa llena de porquerías; más aún, si extiendes la mano a cualquier muchacha para ayudarla a levantarse de algún sitio, te mirará confusa, como preguntándose si la mano extendida significa un calambre o un intento de manoseo. ¿Cómo puede un hombre en esta época ser caballeroso cuando las damas son casi una especie en extinción?

Llego hasta ella y me siento a su lado. Durante un largo rato no hablamos. El ruido del autobús es demasiado fuerte, por lo que tenemos que acercarnos excesivamente para conversar.

—Cuando declamaste en medio de aquella tormenta a principios de año, Ariadne comentó que te acababas de mudar a esta ciudad... ¿Dónde vivías antes?

—Si te contara... Yo nací en México, pero mi papá no. Hemos cambiado de domicilio cuatro veces en dos años.

Un pensamiento aciago me desdibuja la sonrisa.

—Y no piensan volver a irse, ¿verdad?

—Eso depende del trabajo de mi padre.

Me siento repentinamente apesadumbrado.

—Sería una lástima que te fueras.

—Sí. México es un bellísimo país, con una riqueza espiritual y unos valores fundamentales únicos en el mundo.

Su comentario llega directo al blanco de mi corazón. Mi patria tiene problemas pero también muchas cosas extraordinarias y yo la amo con todo mi ser. Me siento fascinado al saber que ella también la quiere, aun siendo hija de un extranjero.Guardamos silencio por varios minutos más.

—¿Y desde qué edad declamas? —pregunta después.

—Desde que te conocí...

—¿En serio?

—Aprendí a hacerlo... Fue la única forma que encontré para llamar tu atención... para acercarme a ti.

Me examina con su desvanecedora mirada y sonríe ligeramente.

Llegamos a Plaza Satélite. Presiono el timbre y momentos después el autobús se detiene abriendo escandalosamente su puerta trasera. Bajo primero y la ayudo a bajar.

—Háblame de ti —me dice cuando ya vamos caminando hacia la librería—. ¿Qué quieres más en el mundo?

—En primer lugar te quiero a ti —sonríe levemente, más acostumbrada a la idea—. En segundo lugar, adoro a mi familia, tengo un verdadero tesoro con ella. Mis padres se aman como si fueran recién casados y mis hermanos y yo lo tenemos todo cuando estamos juntos.

—¿Eres el mayor?

—Sí. A veces es difícil serlo, porque sé de la manera que influyo en los pequeños. Somos dos hombres y dos mujeres.

Cruzamos una avenida y llegamos a la librería.

—Yo también adoro a mi hermano —dice pasando primero por la puerta de cristal—. Es más grande que yo y me cuida como si fuera su hija. Pero no te preocupes —agrega al ver que convengo con un gesto recordando al tipo—, no creo que ande por aquí.

—Eso espero.

Un dependiente con bata azul llega hasta nosotros para preguntar en qué puede ayudarnos. Le damos el nombre de los libros que cada uno necesita. El joven se retira a buscarlos.

La compra está hecha en unos minutos y pronto salimos a la calle para dirigirnos a una nevería.

—¿Practicas algún deporte?

—Ciclismo.

—¿En serio? Me encanta el ciclismo —¿en serio le encanta? No puedo creerlo—, por lo que tengo entendido es una disciplina que crea un carácter sumamente tenaz, pues exige mucha dedicación.

—Sí —respondo alegre por lo que escucho—, quizá todo deporte a nivel competitivo es similar en eso, pero el ciclismo representa un papel importantísimo en mi vida.

—Pensé que dirías que practicabas futbol.

—No. ¿Y sabes? Yo tengo que casarme con una mujer a la que le guste el ciclismo.

Asiente ya sin azorarse. Llegamos a la nevería.

—¿De chocolate?

—Ése era el trato.

El muchacho que atiende, con una camisa abierta hasta el ombligo y un tosco amuleto de hierro colgado al cuello, sobre el cual cae una abundante cabellera negra, observa fijamente a Sheccid; no es el primero que lo ha hecho.

—¡Hey! Bonitos tus ojos, ¿eh, nena?

Ella se turba un poco, pero no por el piropo, que seguro está acostumbrada a recibir, sino porque tal vez siente cierta agresión hacia mí. Pienso en advertirle al ente del ombligo peludo que tenga cuidado con lo que dice, pero el hecho de que alguien la adule no debe enfadarme. ¿Qué harán los esposos de modelos o artistas de cine? O desarrollan una paciencia de santo o practican halterofilia profesional. Yo no he hecho ni lo uno ni lo otro.

—¿De qué sabor me dijiste, preciosa?

La preciosa baja la vista un poco contrariada, no responde y yo acribillo al tipejo con los ojos. De soslayo puedo ver que Sheccid se acerca a mí en un acto maravillosamente suave y afectivo. Se une de costado, creo que va a abrazarme por la espalda, pero se detiene y solamente se recarga. Vuelve la cabeza para hablarme:

—¿De qué sabor, cariño?

Trago saliva. Mi mente no alcanza a aceptar por completo lo que estoy viviendo. Instintivamente y sólo en un movimiento encaminado a responder de igual forma su gesto de ternura, le rodeo la espalda con el brazo y la atraigo.

—Danos dos helados de chocolate y no hagas ningún comentario más, *galán*.

La expresión del heladero cambia por completo. Nos despacha inmediatamente y no vuelve a abrir la boca más que para cobrar. Salimos del local sabiendo que el tipo mantiene los ojos en Sheccid, pero no lo culpo; siempre es agradable mirar una chica tan poco común. Caminamos juntos. La abrazo y pienso en ella. En ella. Con todas mis otras actividades mentales fuera de servicio. Una moneda resbala y rueda por el suelo. Dejo de abrazarla para ir por ella, pero apenas la tomo me doy cuenta de lo irreal que resulta todo eso, de lo etéreo que es...

Cuando regreso no la abrazo. Lo pienso dos veces.

—En ocasiones me molesta que la gente me vea como un animal raro.

—Debiera gustarte. No cualquier chica tiene esa cara y esos ojos.

—Sí —se encoge de hombros—, pero, ¿cómo te explicaré? Cierto día escuché a la miss universo en turno decir por televisión: "*Una mujer como yo es fácilmente usada y difícilmente amada... A pocas personas les interesa conocerme y quererme por lo que realmente soy. Sólo les interesa mi físico.''* A veces me siento así. Además, no me gustó que el tipo de los helados hiciera esos comentarios frente a ti.

—Lo resolviste muy bien. Tendremos que hacer lo mismo cada vez que alguien te adule.

Reímos, mas lo que intenta ser una frase ingeniosa se vuelve traicioneramente en mi contra. No tengo excusa para abrazarla de nuevo en tanto alguien no nos provoque.

Tonto, necio, mentecato...

Caminamos por la acera rumbo a la parada del autobús y yo me siento un burro. ¿Cómo dejé escapar esta magnífica oportunidad de mantenerla abrazada? Por una tonta moneda y un brillante comentario... La banqueta es muy ancha, bien puedo caminar a dos metros de distancia, pero lo hago muy cerca, como tratando de enmendar mi torpeza. Por su lado Sheccid camina con naturalidad.

—¿Se puede saber por qué no participaste en el concurso de declamación? —pregunta—. Desde que te conozco, ninguna de tus actitudes me ha enfadado más.

—Ese concurso significaba mucho para ti y yo me retiré para que entendieras que me interesabas tú... no el concurso.

—Mal hecho. Sin tu participación el triunfo ya no tuvo tanto valor. Eras un buen rival a vencer.

El autobús se aproxima rugiendo escandalosamente, pero esta vez no corremos para alcanzarlo. El vehículo pasa junto a nosotros sin detenerse.

—No importa —dice—, de cualquier forma no quería irme.

¿No quería? ¿Y quién corchos quería?

Entonces regresa la oportunidad, pero no es la oportunidad lo que regresa ni lo que había esperado que regresara. Regresa el efusivo sentir de mis anhelos. Rodeo su espalda nuevamente con el brazo y unos segundos después estoy seguro de que ella acepta la caricia abrazándome también.

—Carlos, yo siento adónde va todo esto. No me molesta, pero me causa temor... Explícame qué quieres de mí exactamente.

—Que seas mi novia...

—¿Y eso qué significa para ti?

¿Qué significa?

—No lo he pensado.

Se separa con un gesto de molestia.

Llegamos a la parada del autobús y nos recargamos en una pared de piedra. Algo entre nosotros se está descomponiendo, desacomodando, destemplando. No puedo permitirlo. Tengo que esforzarme por contestar su pregunta. Es obvio. Debo demostrar que no soy un mocoso jugando a la "manita sudada", que existe un fondo *real* en mis sentimientos... ¿Pero cómo decirlo? Sé escribir, no hablar. Cierro los ojos y trato de imaginarme con una pluma en la mano y un papel al frente. Entonces comienzo a decir muy despacio, a la velocidad con que fluyen las palabras cuando redacto:

—Será una amistad inquebrantable ante los obstáculos... Será dejar de pensar en un "yo" para pensar en un "nosotros". Poder hablar sin máscaras de nuestros problemas, alegrías, sentimientos, con el único deseo de compartirlos; tener confianza, intimidad mutua, con la total certeza de que no nos traicionaremos nunca. Caminar con el íntimo entusiasmo de sentir que ambos luchamos por los mismos ideales, que nos queremos, no para dar espectáculos ni para tener acercamiento sexual, sino para luchar por un futuro, luchar juntos, tomados de la mano, y no soltarnos nunca mientras nos una el amor.

Abro los ojos. Sheccid me mira con un gesto de asombro.

El autobús esta vez se detiene... Qué lástima... Nos dirigimos a él y subimos. La escena se repite. La alcanzo en los asientos de atrás y pronto el vehículo se va llenando de gente. Estamos sentados en una fila al frente del pasillo donde las personas se tambalean aferradas al pasamanos. Odio ir sentado habiendo señoras de pie, pero en esta ocasión me hago el desentendido. Saco una tarjeta de la billetera y escribo en ella mi número telefónico. Al momento en que se la alcanzo, el asiento de su lado izquierdo se desocupa; una niña de no más de cinco años, por indicaciones de su mamá, se apresura a soltarse del tubo para ganar el lugar, pero un tipejo sucio y apestoso aparta a la pequeña de un empujón y se sienta primero. La niña pierde el equilibrio, entre Sheccid y yo la detenemos para que no caiga. Me pongo de pie cediéndole mi asiento. "Gracias, de nada", miradas expresivas... "Maldito cerdo, ¿dónde tienes lo caballero?" "Ni modo mi amor, ya habrá otras oportunidades de viajar juntos..."

—Dame el libro —se lo doy. Lo apoya en sus piernas.

El camino dura quince minutos y de pronto se pone de pie.

—Aún no hemos llegado —le digo.

—Yo me quedaré aquí —responde tocando el timbre de bajada—, pasaré a casa de una amiga a hacer algunos ejercicios del libro. Además no quiero que sepan que fui contigo a comprarlo.

Asiento desilusionado.

—Por lo pronto, Carlos.

—De acuerdo. En esta tarjeta está mi teléfono. ¿Me das el tuyo?

—No. Yo te llamo.

El autobús ha parado. Me da la mano para despedirse. La tomo observándola fijamente. La puerta está abierta y el chofer espera. No la suelto y por mi mente pasa un escalofriante pensamiento irrefutable, irrebatible. En mi mente se detiene. Miro su pequeña boca a escasos centímetros de la mía.

Debo besarla.

Las circunstancias son obligadas. Sheccid lo sabe también y lo espera. Pero soy inexperto e irresoluto.

—¿Nadie baja? —se oye la voz del conductor.

—Sí —responde ella—, hasta luego.

—Hasta luego.

Y me quedo con mi maldita inexperiencia y mi maldita irresolución. Oigo el sonido de sus zapatos al bajar los dos escalones de lámina y unos segundos después veo desaparecer su silueta entre los enormes árboles del bulevar.

10

RESPETAR A LA MUJER

Saco los bártulos deportivos y limpio cuidadosamente mi bicicleta para la competencia de mañana. Estoy comenzando a entender el concepto de *sufrir por amor y disfrutar el amor que daña.* Siento a Sheccid en cada célula de mi cuerpo, en cada molécula del aire que respiro. Forma parte de mí; me alegra recordarla y me duele tenerla lejos.

Mientras preparo la indumentaria sueño en invitarla al torneo de pista que se va a celebrar. Fantaseo con la idea de que sea mi asistente, mi acompañante, mi consejera.

He crecido mucho en el deporte últimamente. He descubierto que mi verdadera habilidad son las pruebas de velocidad pura y me he convertido en el ciclista juvenil más destacado. Pienso ganar la competencia de mañana y dedicarle secretamente el triunfo, aunque por el momento no esté a mi lado.

Termino de limpiar mi bicicleta y me dirijo al escritorio para escribir.

CCS: Sábado, 2 de noviembre.

Sheccid:

Dice Ariadne que has faltado a clases, que tienes problemas familiares. La sombra de una sospecha atroz me ha quitado el sueño todos estos días. Han transcurrido dos semanas desde que fuimos por el libro. He esperado tu llamada telefónica de día y de noche, pero ha sido en vano. Un par de veces te vi a lo lejos, mas te escabulliste entre la gente. Te he esperado durante tanto tiempo y, créeme, ahora que te he encontrado, tengo mucho miedo de perderte.

Las pruebas de pista son limpias, artísticas, estéticas. En ellas se lucen atuendos sumamente atractivos: traje brillante de una sola pieza, casco aerodinámico, zapatillas ahusadas, bicicleta plana con forma estilizada, ruedas de modernas aleaciones. Los ciclistas bien implementados dan una apariencia futurista, casi espacial, y mi padre se ha esmerado en comprarme el equipo más avanzado.

Desde el momento en que subo a la pista de madera, las miradas de mucha gente comienzan a centrarse en mis movimientos.

Gano la competencia con un margen considerable y varias personas desde las tribunas organizan una porra para mí. Me siento orgulloso y alegre. Sólo me falta ella para que mi dicha sea completa.

Bajo de la bicicleta y Alicia se acerca acompañada de su obesa tía para pedirme que me fotografíe con ella. Es una chica superficial y falsa.

—Tómense de la mano —ordena la gruesa mujer apuntándonos con la cámara—. No sean fríos, ¡caramba, por lo menos sonrían!

Yo no puedo. No puedo sonreír. He perdido la cuenta del número de veces que me han pedido posar con Alicia. La primera vez sonreí y la abracé en señal de sincera amistad sin saber que se trataba de una joven mentirosa dispuesta a usar esas fotografías para inventar un romance secreto conmigo. Esta vez, cruzado de brazos y con la mirada hacia otro lado, espero que la tía oprima el botón y diga:

—Listo, muy bien; ¡será una espléndida foto de los dos! ¡Gracias, Carlitos!

Alicia me da su libreta rosa para que le dedique unas palabras. Me niego rotundamente. Sonríe como boba y va de inmediato a quejarse con sus amigas. Su táctica es sucia, artificiosa y traicionera. Varios compañeros regresan con ella y nos rodean aplaudiendo y cantando para que nos reconciliemos. Corean la palabra "beso" y Alicia se acerca para que no me atreva a despreciarla frente a todos. Pero se equivoca. La aparto hacia un lado y salgo de la rueda. A mis espaldas se escuchan silbidos y voces ofensivas que me llaman fanfarrón.

Después de un rato lo intenta de nuevo. Esta vez acude a mi padre para pedirle, de favor, que nos fotografíe juntos. Eso es el acabóse. Quiere tomarme del brazo y la alejo con un movimiento brusco.

En el camino de regreso nadie habla de la competencia ni de mi triunfo. Hablan de Alicia.

—No lo puedo creer —profiere papá encolerizado—. Desde que ganas las carreras te estás volviendo un soberbio, creído.

—¡Cómo te atreves a decirme eso! —contesto alzando la voz—, si ni siquiera sabes lo que ha pasado.

Las manos de mi padre se crispan sobre el volante.

—¡Cómo *te atreves tú* a gritarle así a tu padre! —interviene mamá de inmediato.

—Pero es que...

—Sabes que hay formas de hablar.

—Lo siento.

Hay un silencio largo. En el automóvil se perciben intensas vibraciones de conflicto.

—Eres tan inmaduro —balbucea papá al fin—. ¿Por qué tratas así a tu novia?

—No es mi novia.

—Entonces por qué no la haces tu novia. ¿Qué te quita?

—Eso para mí no es juego.

—Te puedo asegurar que esa chica está enamorada de ti, le tiemblan las piernas y se siente desfallecer cada vez que te ve. Es una adolescente y el amor que se siente a esa edad es muy hermoso.

—Lo sé, papá...

—No lo sabes —increpa con vehemencia—. Eres todavía muy chico y no tienes idea de lo que es estar enamorado ni conoces realmente el amor. En muchos aspectos eres un muchacho inteligente, pero en muchos otros demuestras una gran inmadurez. Si fueras realmente un hombre, no te causaría ningún empacho abrazar o besar a Alicia. ¿Qué tiene de malo? Eso no quiere decir que vayas a casarte con ella, pero podrías ser más cortés y galante, en vez de comportarte como un payaso presumido.

Me llevo las manos a la cara y siento náuseas. Es tan distinta mi forma de pensar. No puedo acercarme a conquistar y besar a cualquier chica porque estimo que un beso es la manifestación tangible de un sentimiento que debe existir anticipadamente y no estoy dispuesto a hacer un juguete de eso, pues estoy seguro de que seré incapaz de divertirme.

—Me preocupas, hijo... No sabes cómo me preocupas.

El auto va a setenta kilómetros por hora por el carril central del Periférico.

—¿Te preocupa que tus hijos crezcan...? —mis palabras suenan trémulas. Hago una pausa para controlar la obstrucción de la garganta. No debo llorar—. ¿Te preocupa que al crecer no piensen exactamente igual que tú?

—Sabes que eso no es verdad.

—¡Lo es! Quiero pedirte una disculpa por haberte gritado, pero no te imaginas cómo me duele lo que me has dicho —mi voz languidece y las lágrimas me bordean totalmente los párpados inferiores—, me duele porque me hace darme cuenta de que eres incapaz de comprenderme.

Mamá gira desde su asiento.

—Tu padre sólo te ha dicho lo que considera mejor.

—¿Lo que considera mejor? Él dice que Alicia se siente mal cuando la trato indiferentemente; ¿cómo se sentirá si le ofrezco una charla de hermosas palabras fingidas, la uso como experiencia, me cree y luego se da cuenta de que sólo jugué con su cariño? ¿Es eso lo mejor? ¿Es eso lo que a una mujer le gustaría? —me enjugo las lágrimas y respiro con fuerza para poder seguir hablando—. Yo no sé si ustedes estén de acuerdo, pero nunca saldrá de mí el deseo de herir a alguien de esa forma, porque a mí no me gustaría que me hiriesen. ¿Y sabes, papá? Yo soy un hombre completo, soy caballeroso y créeme que puedo demostrarte eso de muchas formas. Respetando en primer lugar a las mujeres, porque tengo una madre y dos hermanas... y después... asegurando que no hay nada mas bello que ser honesto e íntegro —la voz se me quiebra y tengo que hacer una pequeña pausa para respirar—. Lo sé porque yo amo, papá. En serio... Sé aceptar mis errores, pero esta vez el error no ha sido sólo mío. Los quiero mucho a ambos... No digan que soy un niño que no ha sentido nunca el amor porque los amo a ustedes... ¿No es eso suficiente?

Es lo último que puedo decir.

Nadie pronuncia una palabra más en el resto del trayecto.

Al día siguiente me levanto tarde. Es domingo y no me importunan en la recámara. Estoy emocionalmente apaleado. Abro los ojos con verdadera apatía y veo algo extraño sobre la mesa de lectura. Me pongo de pie y tomo la hoja. Es una carta de mi padre.

Hijo:
Me admiró y conmovió lo que dijiste en el auto.
Debo admitir que había olvidado esa forma tan pura de pensar que tienes.
Gracias por recordármelo.
Perdóname si te ofendí.
Quiero que recuerdes siempre las palabras de Rudyard Kipling:
  Si logras conservar intacta tu firmeza
  cuando todos vacilan y tachan tu entereza.
  Si a pesar de esas dudas, mantienes tus creencias
  sin que te debiliten extrañas sugerencias.
  Si sueñas, sin por ello rendirte ante el ensueño.
  Si piensas, mas de tu pensamiento sigues dueño.
  Si triunfos o desastres no menguan tus ardores
  y por igual los tratas como dos impostores.
  Si hasta el pueblo te acercas sin perder tu virtud
  y con reyes alternas sin cambiar de actitud.
  Si no logran turbarte ni amigo ni enemigo,
  pero en justa medida pueden contar contigo.

Si entregado a la lucha con nervio y corazón,
aun desfallecido persistes en la acción.
Si alcanzas a llenar el minuto sereno
con sesenta segundos de un esfuerzo supremo...
Lo que existe en el mundo en tus manos tendrás,
¡y además, hijo mío, un hombre serás!

Con amor infinito:
Tu padre, que respetará siempre lo que pienses y que estará
junto a ti para apoyarte hasta que la muerte no se lo permita.

Tres días después.

Sheccid camina por el patio acompañada del joven con cabello rizado que vi sentado junto a ella el día del festival. Miro el cuadro a través de la ventana de la biblioteca y me quedo frío.

—¿De qué se trata todo esto? —balbuceo mientras voy hacia la puerta tropezando con las sillas y empujando sin querer a un compañero. Salgo al patio y alzo la voz para gritar:

—¡Sheccid!

Los dos muchachos se detienen ante mi llamado a mitad de la explanada. Camino hacia ellos.

—¿Dónde has estado todos estos días?

Mi princesa se ve seria, en una actitud extraña, casi de rechazo.

—Te presento a Adolfo.

—Mucho gusto —contesto extendiéndole la mano pero sin mirarlo—. Me has tenido muy preocupado. ¿Por qué no has venido a la escuela?

Sheccid calla. Parece muy confundida. Se vuelve a su compañero para pedirle:

—¿Nos dejas un minuto a solas, Adolfo?

—¿Por qué? —pregunta el tipo resistiéndose—. ¿Qué pueden hablar que no deba oír?

El sujeto con cara de *chulapo* parece indispuesto a moverse de enmedio. Tomo a Sheccid del antebrazo y camino con ella alejándome del galán. Me mira sacando chispas por los ojos. No me dejo intimidar.

—Cuando fuimos por el libro de trigonometría no me dijiste que tenías un pretendiente tan... especial —comento.

—¿Y por qué debía hacerlo? Los pretendientes van y vienen. Todos son iguales.

—Sheccid, no me insultes. Yo no soy igual a nadie ni estoy tratando de jugar contigo.

—Disculpa. Tienes razón.

Permanezco estático, sin saber cuál debe ser el siguiente paso.

—¿Qué has pensado? —pregunto.

—¿Con respecto a qué?

—A lo que hablamos aquella tarde.

—Hablamos muchas cosas.

La miro con profunda tristeza.

—Quiero que seas mi novia.

—Ah. Es sobre eso. Pues he pensado que no te conozco bien. Una salida juntos es insuficiente.

No son sus palabras, hasta cierto punto lógicas, sino su actitud lo que me confunde. Me es imposible asimilar ese cortante tono de voz. Siento que los recursos para acercarme a ella se me agotan.

Traigo debajo del brazo la carpeta con el *CCS*. Se la extiendo.

—Es mi diario. Todo lo que soy y lo que siento está escrito aquí. De alguna forma lo escribo para ti... Léelo. Por favor —lo toma mirándome fijamente—. Cuídalo. Es algo muy valioso.

Lo analiza como si hubiese puesto una delicada pieza de cristal en sus manos. Sus facciones se suavizan.

—Pero claro... Sé lo que debe de valer para ti... estoy... muy asombrada, agradecida, por supuesto, y hasta apenada contigo porque... no he hecho mucho para merecer esto, ¿verdad?

—Mi vida entera, Sheccid. No sé si la merezcas, pero te la entrego a ti.

—Dios mío —murmura.

—¿Pasa algo?

—No. Sólo que... casi no puedo creerlo.

—¿Qué no puedes creer?

—Que me haya encontrado con una persona como tú.

—¿Te puedo preguntar algo?

—Lo que quieras.

—¿Por qué eres tan despectiva unas veces y tan dulce otras? ¿Por qué no me llamaste por teléfono en todos estos días? ¿Dónde estuviste?

—Mis problemas son demasiado grandes para... —se interrumpe—. No quisiera inmiscuirte en asuntos desagradables. Aunque no lo demuestre... te estimo. No lo olvides.

—No lo olvidaré.

Abraza el cuaderno y se despide cuando ya va caminando.

—Lo leeré rápido y te lo devolveré.

No contesto. No me da oportunidad. Se aleja para reunirse con Ariadne y Adolfo.

Sed

Cada día que pasa sin lograr que me quiera
es un día perdido...
¡Oh Señor, no permitas por piedad que me muera
sin que me haya querido!
Porque entonces mi espíritu, con su sed no saciada
con su anhelo voraz,
errará dando tumbos por la noche estrellada,
como pájaro loco, sin alivio ni paz...

Amado Nervo

He leído el poema anterior hasta memorizarlo. Aún no soy capaz de comprender lo que está pasándome.

En la competencia ciclista del sábado tuve la oportunidad de hablar con Alicia. Le dije que me parecía una chica hermosa pero le confesé que estaba profunda y verdaderamente enamorado de otra muchacha de mi escuela, le supliqué con toda transparencia que tratáramos de llevar una bella amistad y le pedí una disculpa por mi actitud cortante de días pasados. Ella me respondió que sí a todo con gesto decepcionado... Le solicité a mi padre que nos tomara una fotografía. La abracé sonriente y por primera vez Alicia no se animó a abrazarme.

Estoy aprendiendo mucho en esta etapa.

Todos los conceptos van conformando la fuerza que necesito para superarme. No quiero perderlos entre la vorágine. Hace algunos días resumí seis de ellos. Continúo con los siguientes:

---

7. **Dios regala "paquetes y no atributos individuales":** *Nunca debo envidiar al vecino, pues si me concedieran sus ventajas estaría obligado a recibir sus desventajas. Todos poseemos virtudes que compensan nuestras carencias. Podemos triunfar con ellas.*

---

8. **Delataré a los "subjefes déspotas":** *Debemos acabar con los prepotentes que fanfarronean, bloquean los asuntos, roban, imponen condiciones de dinero y amenazan mostrando su credencial.*

---

9. **Existen "tres etapas de corrupción":** *Seguir el consejo de los impíos haciendo daño, ir por la senda del mal con más confianza y sentarse en el banco de los burlones para atacar a los hombres rectos.*

---

10. **Hay una "epidemia de mentiras":** *Quien comete ilícitos siempre lo niega. Las personas veraces son las más valiosas en esta época en la que es imposible confiar en nadie.*

---

11. **"Los tres niveles de la personalidad":** *La apariencia se conoce al ver a la persona. Las actitudes se determinan al conversar con ella. Los valores intrínsecos, al vivir a su lado.*

> **12. La "profunda intimidad" desenmascara:** *En las prácticas sexuales, en la forma de ganarse la vida, en la manera de tratar a los seres queridos y en los hábitos privados se descubre al moralista hipócrita o al verdadero hombre de bien.*

A las dos de la tarde, caminando hacia la puerta de salida con Rafael y Salvador, escucho una voz de mujer que me llama. Giro la cabeza y veo a Ariadne agitando una mano desde el segundo piso del edificio. Me pide que la espere; sin quererlo me inquieto un poco. Salvador me mira con una amplia sonrisa sardónica.

—No estaría mal que te arreglaras ese cuello.

Llevo una mano a la tirilla de la camisa y palpo el desaliño de la tela. La acomodo. Rafael ríe:

—Tampoco estaría mal que te ordenaras el cabello; o mejor aún, que te pusieras un peluquín bien peinado.

—Exacto —aprueba Salvador—, aunque yo opinaría que te quitaras toda la cabeza y la canjearas, y si pudieras hacer lo mismo con el cuerpo estarías mucho más presentable.

Cuando Ariadne llega, mis simplones amigos se hallan descoyuntándose de risa a dúo.

—Pensé que ya no te vería... Debo decirte algunas cosas importantes. Necesito que hablemos de... *ya sabes quién;* últimamente se ha retraído totalmente, se aparta de todos, ¡no quiere saber de nadie!

—Yo puedo sacar una conclusión —opina Rafael—, algo que quizá les sirva a ustedes dos —da fuerza a su voz—: ¡he concluido —y alza una mano tomando aire—, que a *ya sabes quién* le ha picado un bicho raro! —termina triunfal y nos mira como esperando que lo ovacionemos por su razonamiento.

—Mejor nos vamos, Sócrates —dice Salvador quizá percatándose de que es la única cosa cuerda que ha dicho en el día.

Rafael se despide a gritos:

—Mañana nos cuentas lo que pasó con... —alza las cejas repetidamente— *ya sabes quién.*

No respondo.

—Qué amigos tan graciosos tienes.

—Los conseguí en la subasta de un circo.

Ríe, pero no por mucho tiempo. Hay cosas más serias de qué conversar.

—Entremos a esa aula vacía —la invito y nos dirigimos hacia ella.

—Carlos, hay un problema del que debes enterarte —comenta con gravedad—. No sé si hayas escuchado rumores ya, pero es algo serio... y cierto.

—¿De qué hablas?

—De Adolfo... Es un figurín, tú lo sabes. Tiene muchos amigos en su colonia y... —hace una pausa—. Está tramando darte una golpiza.

No puedo evitar dar un respingo hacia atrás.

—¿Cómo?

—Todos en mi grupo tienen conocimiento de que van a darte un susto para que te alejes de Sheccid. Lo grave es que quieren hacerlo de forma indirecta... A través de una pandilla callejera...

Me yergo movido por una repentina aprensión. La boca se me seca. Primero la amenaza del promotor pornográfico y ahora ésta. Me siento como pato silvestre en época de caza.

—Ten cuidado. Te quiero mucho. No puedo ni pensar que vaya a pasarte algo.

—Si él me ataca tengo que defenderme.

Medita moviendo la cabeza y después exterioriza sus pensamientos bosquejando una leve sonrisa.

—No lo hagas porque sería una catástrofe. Es Adolfo con quince vagos contra ti con veinte amigos de tu grupo y quinientas setenta y ocho mil admiradoras de tus poesías.

Reímos.

—Te he dicho cien millones de veces que no seas exagerada... —le froto un brazo cariñosamente, después de unos segundos agrego—: No pelearé —y aunque sonrío con ella, hablo muy en serio—, ¡no sé hacerlo!

—Pues bien —se acomoda en su asiento—, si organizas una guerra mundial no olvides invitarme. Por lo pronto quiero decirte algunas otras cosas —se pone seria—. Estoy triste porque en Sheccid no queda ni una sombra de lo que antes era. Quieren quitarle el cargo de jefa de grupo y con razón, incluso ha tenido diferencias con todos los maestros. ¡Ella! —hace un ademán como si eso fuese imposible—. ¡Ella, que siempre ha sido la más aplicada del salón!

—Es lógico si falta tanto —reflexiono—, pero, ¿por qué?

—Hoy me decidí a hablarle. Cuando me acerqué la vi embobada leyendo un cuaderno negro.

—Le he prestado mi diario.

—¿Tu qué?

—Mi diario. ¿No sabes lo que es eso?

—Claro. Pues te aseguro que si es esa carpeta, no ha parado de leerla —hace una pausa y después de mirar unos segundos mi gesto alegre profiere—: Bueno, te contaré lo que me dijo.

—Ah, sí... Eres maravillosa.

—Me costó trabajo que hablara. Le eché en cara la desilusión que está causando a quienes la estimábamos. Le dije que estaba ganándose el desprecio de todos con su actitud.

—Sí, sí —la animo a seguir—, ¿y qué te contestó?

—Se soltó a llorar.

Me siento decaer. ¿Pero por qué?

Ariadne cierra los ojos y lo suelta todo de corrido, sin respirar, como si fuera la única forma en la que pudiera decirlo:

—Su familia se está destruyendo. Su madre es un poco esquizofrénica y su padre tiene una amante. Pretende llevarse a su hija a otro país y dejar al primogénito aquí. Las discusiones que han presenciado son terribles. Llenas de ofensas. No pelean por los bienes materiales sino por definir qué hijo se queda con cada quien. Sheccid ha enfermado con esa situación. Parece "ida" y se desmaya con frecuencia. Por eso no ha venido a la escuela.

Me quedo petrificado sin acabar de comprender el significado de todo lo que acabo de escuchar.

"Mis problemas son demasiado grandes para... No quisiera inmiscuirte en asuntos desagradables."

Me tapo la cara con las manos y me siento consternado, desdichado.

Entiendo por primera vez que el amor es sobre todo desear la felicidad del ser amado aunque eso implique no volver a verlo...

Llegando a casa me enfrasco en la lectura de algunos libros sobre paternidad. Encuentro datos importantes.

Recuerdo, al leer, que varios años atrás, un compañero de la escuela primaria me habló sobre el sexo de forma terrible. Sufrí un doloroso impacto. Mi mente de 9 años no comprendía cómo era posible que mis padres realizaran algo tan sucio. Esa tarde pregunté a papá si no lastimaba a mamá al hacerlo "eso", y cómo era que ella lo permitía. Entonces ocurrió la escena más bella que recuerdo de mi infancia: Mis padres cerraron la puerta y me hablaron con mucho cariño, viéndome a la cara. Supe del sexo en función de la entrega total, supe que era algo bellísimo, que Dios lo había diseñado. Que era la muestra más grande del amor.

Tomo una hoja suelta y conmovido, tanto por el repentino entendimiento de lo afortunado que soy al contar con unos padres como los que tengo, como por la clara comprensión de la forma en que los progenitores pueden dañar con desavenencias y pleitos a sus hijos, comienzo a escribir.

Tengo las mejores intenciones de redactar una carta para Sheccid, pero las letras que salen de mi pluma están dirigidas a otro destinatario, a alguien muy querido a quien no conozco aún.

11

EL REGALO

He leído que **la verdadera herencia de un padre** no consiste sólo en dinero o bienes materiales.

Un hijo hereda sobre todo siete aspectos fundamentales:

a) **Creencias:** *Ideas y definiciones que marcan un estilo de vida.* Religión, estereotipos, prejuicios, roles, etcétera.

b) **Disposiciones:** *Tendencia a reaccionar de determinado modo ante determinadas situaciones.* Por ejemplo, un padre que maltrata a su esposa frente a los niños hereda a sus hijos varones la disposición de maltratar a las mujeres y a sus hijas la disposición de dejarse maltratar.

c) **Hábitos:** *Modos de comportamiento aprendidos, fijos y difíciles de cambiar.* Los hijos heredan los hábitos de deporte, lectura, estudio, etcétera.

d) **Gustos:** *Preferencias estéticas, artísticas o sensoriales* como el tipo de música, aromas, ropa, comida, facciones, etcétera.

e) **Valores:** *Cualidades que se han aprendido a considerar fundamentales como principios que rigen la vida.* Honestidad, verdad, fidelidad, etcétera.

f) **Autoestima:** *Aprecio por sí mismo que vigoriza o inhibe la personalidad del individuo.* Los hijos aprenden cuánto valen en función del amor y del buen trato que reciben en el seno familiar.

g) **Sentimientos:** *Afectos hacia gente o cosas, motivos para la* *alegría o la tristeza.* Hay niños que odian a un tío a quien ni siquiera conocen. Los hijos aprenden a llorar y a reír por aquello que sus padres lloran o ríen. Si el padre sufre por tonterías, pronto los hijos dramatizarán por lo mismo. Se hereda la forma de ver la vida y los motivos para sentirse feliz o desdichado.

Ser padre parece fácil, pero viéndolo desde este punto de vista creo que no existe tarea más difícil.

El reto, aunque lejano, me da miedo y me entusiasma.

No sé cuántos años transcurrirán antes de que formes parte de mi presente; únicamente sé que cuando eso ocurra comenzará la etapa más importante de mi vida, la etapa en la que convergerán mi preparación, mi madurez, mi inteligencia, mi voluntad: la etapa de ser padre...

Hijo:

Créeme, me gustaría mucho que vinieras al mundo y me brindaras la oportunidad de hacerte mi heredero.

Sé que nuestra convivencia estará llena de dificultades, que aprenderás a valorar el mundo adulto a través de mí y que yo deberé esforzarme por valorarte, por no olvidar lo que pensaba y sentía cuando tenía tu edad, por nunca cometer el terrible error de permitir que me pierdas la confianza.

Cuando seas pequeño tendrás muchas dudas. Quizá me hagas preguntas que yo, y nadie más, tendré que responderte. Seguramente algún día te cuestiones de dónde has venido en realidad. Cuando me lo preguntes habrá llegado el momento de pasar una dura prueba de criterio, pues tendré que demostrarte exactamente lo que siento como padre y lo que siente tu madre como madre, ya que esos sentimientos serán ni más ni menos el motivo de tu procedencia.

Antes de responder te sentaré en mis rodillas y te haré una pregunta:

—¿Sabes lo que es el amor?

Será interesante conocer lo que piensa mi propio hijo acerca del amor, porque creo que **la forma en que un hijo vive el amor determina gran parte del éxito o el fracaso de su padre.**

—¿Has pensado por qué soy tu papá y no lo es cualquier otro señor? Pues porque a ti y a mí nos une el amor —te diré después procurando dejar bien claro ese argumento—. Un lazo de unión que nos hace necesitarnos mutuamente para poder vivir, que nos hace correr a abrazarnos fuertemente después de un día de trabajo, que nos hace preocuparnos el uno por el otro cuando estamos lejos, un lazo invaluable, ¿comprendes? A ti no te trajo una cigüeña ni naciste de ningún otro cuento absurdo. Naciste del amor. Del amor que nos une a tu madre y a mí, algo similar a lo que existe entre nosotros, ¿sí? Ella y yo nos amamos y vivimos siempre cerca, un día nos acercamos cuerpo a cuerpo y tú naciste de esa máxima unión física, naciste de ella y de mí, cada uno aportó algo de sí mismo para que tú pudieras existir.

Será fundamental hablarte del sexo para que desde pequeño sepas que provienes de él, aprendas desde pequeño a respetarlo, a valorarlo como el clímax del amor del que tú mismo procedes y rechaces a todos aquellos que lo ensucian y envilecen.

Será hermoso compartir contigo la verdad, las experiencias que me han ido formando. Cuando seas mayor, dejaré que seas tú mismo; respaldaré tus decisiones aunque yo en tu lugar hubiera tomado otras. Permitiré que a tu modo consigas ser alguien mucho mejor que yo.

Sé que no será sencillo, pero pondré todo mi entendimiento en conseguirlo, en parte por ti, y en parte por retribuir a Dios los abuelos que tendrás y que, de una u otra forma, me heredaron las ideas y el carácter que, a mi vez, trataré de heredarte. Que trataremos tu madre y yo de heredarte...

Sólo espero que ella y yo siempre estemos de acuerdo para hacerlo.

Con amor y temblor, muchos años antes de conocerte.

Tu papá

Abro mi caja de ahorros y cuento hasta el último centavo. Luego voy con mamá y le pido, como un favor especial, que me lleve a comprar un regalo para Sheccid. Ella se asombra, pero accede de inmediato. Mis hermanos desean acompañarnos a la plaza comercial. Mi madre no lo permite. Si existe un detalle que la hace una mujer verdaderamente grande para sus hijos es **la importancia que le da al hecho de convivir** *a solas* **con cada uno de nosotros; mantiene una relación de calidad por separado y eso nos hace sentir** *amados en forma individual.* **Ése es su secreto. Muchos suelen convivir "grupalmente", pero sólo se es amigo de las personas con quienes se convive "particularmente".**

Cuando vamos en el coche le comento:

—Tal vez no me alcance el dinero para un buen regalo.

—¿Qué quieres darle?

—No sé. Si por mí fuera le compraría lo más caro de la tienda.

Sonríe.

—Las cosas no valen por lo que cuestan en dinero.

—¿Entonces por qué valen?

—Tu abuelita tenía unos pétalos secos dentro de su Biblia. No valían nada pero eran su mayor tesoro. Cuando los perdió, lloró más que cuando le robaron la casa. A eso se llama *VALOR DE AFECTO.* Hay algunas cosas que adquieren gran valor porque **representan tu pasado, tus sentimientos, o porque has puesto en ellas algo de ti: intenciones nobles, creatividad, desvelos. Una obra artística original puede no valer nada para otros, pero para el autor es invaluable; a veces prefiere regalarla que venderla, puesto que no puede ponerle precio a algo así.**

—Mi diario... —susurro pensando en su inestimable valor.

—¿Mande?

—Nada.

—Si esa chica es inteligente y te valora, no se fijará en el precio de lo que le regales, sino en la parte de ti que le estás dando con esa acción.

Llegamos a la tienda de autoservicio y elijo una caja de chocolates finísimos. No me alcanza para comprarlos pero mamá me completa.

De regreso le pregunto:

—¿Podría decirse que los avariciosos son quienes valoran las cosas sólo por su precio en dinero?

—Sí. En la mitología griega, Dionisio le concedió al rey Midas un deseo y éste pidió que todo cuanto tocara se transformara en oro. Para probar, tomó la hoja de un árbol y ésta se convirtió inmediatamente en oro puro. Se sintió feliz. Al llegar a su casa tuvo sed, pero el vino se transformó en oro en sus labios. Llegó su hija, la tocó y se convirtió en oro. La codicia de Midas lo llevó a su ruina. **Cuando algo se compra por su *VALOR DE PRESUNCIÓN* se hace el gasto más inútil, porque el engreimiento trae siempre desgracias a la persona.**

Miro el regalo sobre mis piernas. Tiene un valor afectivo infinito y un valor de presunción nulo.

—Y cuando se compra algo no para regalar ni para presumir, ¿por qué vale?

—Por su *VALOR DE APLICACIÓN*. **Si adquieres un libro que no lees, tiraste el dinero, pero si lo lees, el precio que pagaste por él no es nada en comparación con los enormes beneficios que puede darte. Una computadora es carísima si no la sabes usar, pero es baratísima si le sacas provecho. Para saber si el precio de un producto es alto, se debe evaluar no en función de otros productos similares sino en función de qué tanto lo vas a usar.**

Llegando a casa escribo los conceptos de mi madre. No quiero que se me olviden jamás. Antes de dormir me despido de ella con un abrazo de agradecimiento y cariño sincero. Es no solamente la mujer que me dio el ser, sino la persona que sabe leer mi mirada, la que reconoce antes que nadie mis problemas, la que guarda su distancia cuando estoy aprendiendo a decidir, la que me deja sufrir las consecuencias de mis decisiones equivocadas, la que aparece en la madrugada y se sienta frente a mí, sólo para acompañarme.

Envuelvo los chocolates y les anexo una hoja doblada con un poema de Martín Galas Jr.:

Quiero ser en tu vida, algo más que un instante,
algo más que una sombra y algo más que un afán.
Quiero ser en ti misma una huella imborrable
y un recuerdo constante y una sola verdad.
Palpitar en tus rezos con temor de abandono.
Ser en todo y por todo complemento de ti.
Una sed infinita de caricias y besos,
pero no una costumbre de estar cerca de mí.
Quiero ser en tu vida, una pena de ausencia
y un dolor de distancia y una eterna amistad.
Algo más que una imagen y algo más que el ensueño
que venciendo caminos llega, pasa y se va...
Ser el llanto en tus ojos y en tus labios la risa,
ser el fin y el principio, la tiniebla y la luz
y la tierra y el cielo... y la vida y la muerte.
Ser igual que en mi vida has venido a ser tú...

Acaban las clases. Salimos del salón Rafael, Salvador y yo.

Estoy inquieto. Me asomo al aula de Sheccid. Cerrada. Es mejor. La esperaré afuera de la escuela. El prefecto se aproxima con las llaves para abrir. Abre. Salimos. Sigo inquieto. Pienso que quizá ya venga. Tengo que asomarme. Regresamos y entramos. No. Aún no sale de clases. Salimos. Me recargo en la reja. Tal vez ya venga. Tengo que volver a... Esta vez no nos dejan entrar. Tenemos que aguardar afuera. Ésas son las reglas. Sí, el prefecto comprende que esperamos a una persona, pero no podemos estar entrando y saliendo. Mis amigos me observan divertidos. "Sí. Sí estoy tranquilo. No. No estoy temblando, ¿cómo se te ocurre semejante disparate, Rafael?" Sale Adolfo. Después un desconocido, otro desconocido, Ariadne sale. No me ve. Me pongo de puntas esforzándome para vislumbrar a lo lejos. No lo hubiera hecho. El corazón me da un salto... allí viene *ella*... "¡Que no estoy temblando y ya cállate!" Me separo de mis amigos caminando hacia un lado.

Respiro. Al fin sale. Busca a alguien. Está sola.

—Hola —me planto frente a ella obstruyéndole el paso—, ¿te gustan los chocolates?

Al principio se ve confusa, pero luego parece comprender y me contesta con una voz que no es su voz:

—¿Ya no recuerdas los helados? —se saborea—, me fascina el chocolate.

Una voz totalmente de niña. Me gusta. No dudo en entregarle la bolsa.

—Toma, los compré para ti —por un instante nos contemplamos y agrego después con preocupación—: Ojalá no te hagan engordar.

Rompe a reír y me observa emocionada.

—Qué lindo. Muchas gracias, pero vamos. Mis amigas me esperan.

Caminamos juntos. No sé qué decir, no se me ocurre nada, hasta que ella acaba con el silencio.

—¿Y a qué se debe este obsequio?

¿A qué se debe? No había pensado en eso, así que sólo digo la verdad:

—Simplemente quise dártelos... Una señal de aprecio —e intento agregar que cuando se ama a alguien a veces surge el deseo de regalarle algo, *por eso nada más*, porque se le ama, pero he perdido el habla, así que es todo hasta que ella vuelve a hacerse cargo.

—He leído casi todo tu *CCS*.

—Ah, ¿sí?

—Es extraordinario... No sé —escoge las palabras para explicarse mejor—, tus ideas son difíciles de encontrar en cualquier chico, y hasta en cualquier adulto; son muy valiosas y me gustan.

—¿De veras? —pregunto sonriendo.

—Sí... —piensa unos segundos y totalmente flemática lo echa todo a perder—. Pero eso se debe, claro, a que escribes bien. Quienes nacen con ese don son capaces de expresar ideas bellas aunque no sean propias —chasquea la lengua—. En fin, sólo se necesita escribir bien —y corrige—: Haber nacido con ese don.

Una ira incomprensible se apodera repentinamente de mí.

—¿No te parece? —pregunta.

—¡NO! —respondo con violencia—, por supuesto que no. Leo mucho. Casi un libro por semana, pero aunque he aprendido de autores y personas, finalmente lo que hay en ese diario son *ideas totalmente propias*. **En la forma de escribir se refleja la manera de ser de las personas.** Mi cerebro no está hueco como sugieres. No he nacido con ningún don, he escrito, Sheccid, durante años —se desentiende caminando más rápido y bajando la cabeza—. Todos los días. Y te aseguro que al principio no sabía hacerlo, pero he aprendido porque **han sido años de empuñar la pluma, de madurar las ideas y de seguir luchando con un valor y una tenacidad que no ha tenido ninguno, ¿me oyes?, ninguno de los necios haraganes que dicen que nací con ese don.**

No hablamos nada más.

Llegamos con Camelia la larguirucha. Nos saludamos de mano.

—Te noto molesta.

— Me han dicho necia y haragana. Pero no importa. Oye. ¿Luis te devolvió a ti los apuntes de geografía que le presté?

Las chicas comienzan a platicar de otros asuntos. Automáticamente me desconecto. Aún no puedo comprender por qué me ofendí tanto por su comentario... Y por qué la ofendí a ella. Me siento culpable pero no sé cómo arreglar las cosas.

—Voy a irme caminando hasta mi casa —comenta Sheccid—; dices que van a pasar por ti. ¿Podrías llevarte en el coche mis útiles? Por la tarde voy por ellos a tu casa.

—Claro —contesta Camelia extendiendo la mano para recibir el gravoso morral—. ¿Y esa bolsa?

Sheccid titubea mirando los chocolates. Yo espero que conteste que en esa bolsa hay algo *de ella*, que no pesa y podrá llevársela sin problemas y casi... casi dice eso exactamente.

—Ah, pero qué descuidada. Toma. Gracias por lo que haces. No pesa, podrás llevártela con facilidad.

Al momento en que le entrega la bolsa, el papel doblado con el poema "Quiero ser en tu vida" se despega y cae al suelo. Camelia lo levanta y se lo tiende a Sheccid.

—¿Y esto?

Ella lo desdobla para echarle un rápido vistazo, luego lo arruga en un puño y se lo regresa a su amiga.

—Es basura. Tíralo por ahí.

Se aleja con un adiós general.

Al instante me doy la vuelta incrédulo, pasmado, agraviado al grado de no poder asimilarlo. Camino cabizbajo.

—¿Te vas y nos dejas? ¡Valiente conquistador de corazones!

Lo olvidaba. Mis amigos han estado esperándome. Seguramente querrán que les cuente lo que ocurrió para decir estupideces hasta morir de risa. Esta vez los ignoro. Hablar con alguien sobre lo recién ocurrido tal vez me quiebre. Así que paso de frente diciendo que llevo prisa. Siento un malestar estomacal casi insoportable. Nunca he odiado a una chica como la odio ahora y la odio porque la he amado tanto... Es incomprensible.

Jueves, 14 de noviembre.

Tú tienes mi diario, pero he tomado esta hoja suelta para escribir lo que pienso de ti.

Cuando me dijiste que los chocolates te encantaban vi el interés en tu mirada. Un interés material. Como el de Midas. ¡Qué terrible decepción al ver caérsete la máscara!

¿También tú?

Muchos seres humanos se han convertido en expertos de falsedades, en ponerse disfraces para ocultar su verdadero yo. Mujeres que se meten en pantalones una talla menor para verse más voluptuosas, hombres que se endeudan por años comprando automóviles ostentosos para que los vecinos los envidien, señoras que hacen dieta quince días antes de la fiesta para que sus amigas les digan que están delgadas, gente que se cambia de apellido o nacionalidad porque se avergüenza de su procedencia, amantes que fingen sentimientos por interés material o carnal.

Los expertos de falsedades son superficiales, traicioneros, incapaces de apreciar la grandeza de las cosas pequeñas.

Hace algunos días escuché en la iglesia una reflexión bíblica al respecto: **El que no es fiel en lo poco no lo será en lo mucho. Quien falla con las responsabilidades sencillas es inmerecedor de que se le confíen asuntos mayores. Quien administra mal los centavos despilfarrará los pesos. ¡Cuántos novios se casan pensando que su pareja cambiará con los años! Pero sólo el que es fiel en lo poco será capaz de responder cabalmente en lo mucho.** Dijo el cura en aquella ceremonia que **la garantía para prosperar es vigilar los detalles. Invariablemente a quien cuida lo pequeño Dios lo bendice con cosas grandes. No hay mejor fórmula para la prosperidad. ¿Alguien desea ser feliz en su matrimonio? Sea considerado en su noviazgo. ¿Alguien desea tener mucho dinero? Cuide el poco que tiene. ¿Alguien desea crecer y trascender en el mundo? Ame y respete las cosas diminutas que hoy se le han confiado... El siervo infiel será arrojado a la calle y se le quitará lo poco que tenga para dárselo a quien tiene más. Es una ley. Una ley de Dios.**

Cuando te vi aceptando con agrado el regalo para después arrugar la hoja del poema, me di cuenta de que eres maestra de la farsa. Si así tratas esa pequeñez, ¿cómo puedes merecer algo más grande? ¿Cómo tratarás mi corazón, mi alma? Es cierto que estabas ofendida por la forma en que contesté a tu primera agresión, pero no diste lugar a ninguna enmienda. De haber habido en ti el más mínimo deseo de conservar nuestra amistad, no hubieses llegado a esos extremos.

Princesa, el día que te presté mi diario te dije: "Mi vida entera. No sé si la merezcas pero te la entrego a ti." Hoy creo que me equivoqué.

Sheccid, no sabes cómo me duele.

Mañana te buscaré y te pediré mi diario.

12

LA NOVIA DE ADOLFO

Viernes, 15 de noviembre.

En el descanso entre clases subo la escalera decidido y llego hasta la puerta del salón de Sheccid. Observo una gran algarabía. Los estudiantes bromean, caminan de un lado a otro. La veo. Charla con Adolfo. El tipo, bien peinado, mueve la cabeza al hablar en un gesto amanerado de coquetería. Me planto en la puerta. Ella no voltea. Es posible que ya me haya visto y no esté dispuesta a salir ni a dejarse llamar. El tiempo apremia pues su profesor llegará pronto. No tengo alternativa, entro al aula. Más de un chico me mira extrañado. Llego hasta la pareja y llamo a Sheccid tocándole un brazo. Se da la vuelta, sonríe. Se vuelve a Adolfo como pidiéndole permiso para irse, pero éste se me enfrenta.

—Ella está conmigo... Si quieres disputarla...

Me parece absurdo todo eso y a ella debe parecerle también, porque sale del aula. La sigo, mientras Adolfo murmura un insulto.

Una vez fuera me interroga con los ojos.

—He venido a hablar contigo.

—Ya veo —sonríe como queriendo disculparse por la escena anterior y luego susurra—: Los chocolates están deliciosos; te lo agradezco mucho... ¿Se trata de eso...?

—Ojalá fuera así.

—¿Entonces?

—¿Has terminado de leer mi diario?

—¿Tu *ce-ce-ese*?

—Sí.

—Lo estoy terminando, ya me falta poco. Siempre lo llevo conmigo. He sabido valorarlo como me lo pediste.

—Ya me imagino, igual que el regalo que te di ayer.

—Carlos, perdóname. Estaba muy ofuscada. Últimamente no controlo mis reacciones. De verdad. Créeme. A los pocos minutos me arrepentí de lo que hice y regresé a buscar la hoja que arrugué.... *"Quiero ser en tu vida una pena de ausencia y un dolor de distancia y una eterna amistad... Algo más que una imagen y algo más que el ensueño que venciendo caminos llega, pasa y se va..."* Fue estupendo el regalo; te aseguro que nunca nadie se había portado así conmigo.

Me quedo quieto, mirando su extraordinaria belleza. Por un momento quiero perdonar todo, pero veo a Adolfo recargado en la puerta observándonos y abandono esa idea.

—Ya me cansé de tu doble personalidad... Dame mi libreta.

Adolfo se acerca y la toma del brazo.

—Ya es demasiado —la jala hacia atrás—, no me gusta que hables con desconocidos.

—¡Suéltame! —hace un movimiento brusco para liberarse—, ¡no tienes derecho alguno sobre mí!

Adolfo retrocede un par de pasos balbuceando cosas como "sí tengo", "claro que tengo", y se detiene cerca.

—¿Qué hay con él? —le pregunto.

Sheccid baja la cabeza. No responde.

—Nada... nada... casi.

—¡¿Qué?!

No quiere verme, y cuando habla lo hace dudando, como si quisiera mejor no hablar.

—Hoy me pidió que fuera su novia y acepté.

No indago más. No más. Le digo que olvide todo lo que le dije que sentía, que fue un error, que creí enamorarme de alguien que valía la pena, pero ahora me daba cuenta de que...

Se queda atónita y grito, esta vez inflexible, ¡que me entregue mi libreta!

—No la traje.

—Hace un momento me dijiste que la traías siempre contigo.

Levanta la cara y me mira con una contradictoria expresión de mártir, como implorando piedad.

—¡La quiero *ahora*! —puedo decir apenas, aparentando todavía un gran enfado, mejor dicho, ocultando aún el sufrimiento del daño atroz que me ha causado.

Se retira caminando con rapidez. Siento una opresión en el pecho mientras la observo entrar al salón. Después de unos segundos sale trayendo consigo mi carpeta negra. Me la alarga sin decir una sola palabra. Doy media vuelta y me alejo.

No puedo prestar atención al resto de las clases. Estoy abstraído, temeroso, enfurecido.

La profesora Arelí me observa con suspicacia durante el examen de redacción. Soy el último en entregar la prueba. Todos mis compañeros se han ido. Me pongo de pie para depositar sobre el escritorio mi hoja de preguntas con más de la mitad sin contestar.

—¿No estudiaste?

—Sí, maestra... Lo que pasa es que no me concentro.

—¿Qué te sucede, Carlos? Has cambiado mucho. Cuando inició el año escolar tenía la esperanza de que serías el mejor alumno del mejor grupo... Así fue al principio y de pronto, en el concurso de declamación que creí ganarías, ¡ni siquiera te presentas! Comienzas a no prestar atención a las clases, olvidas las tareas, repruebas los exámenes... Me preocupas... ¿Qué tienes?

—Nada.

Va hacia mi lugar, se agacha para tomar del portapapeles mi cuaderno de redacción. Lo hojea. Encuentra, donde debería estar el apunte de la última clase, un poema de José Ángel Buesa:

Te digo adiós y acaso te quiero todavía.
Quizá no he de olvidarte, pero te digo adiós.
Este cariño triste, apasionado y loco

me lo sembré en el alma para quererte a ti.
No sé si te amé mucho, no sé si te amé poco,
pero sí sé que nunca volveré a amar así...
Me queda tu sonrisa dormida en tu recuerdo
y el corazón me dice que jamás te olvidaré,
pero al quedarme solo sabiendo que te pierdo
tal vez empiezo a amarte como jamás te amé.
Te digo adiós y acaso con esta despedida,
mi más hermoso sueño muera dentro de mí,
pero te digo adiós para toda la vida,
aunque toda la vida siga pensando en ti.

—Ahora entiendo...

Agacho la cara sonrojado.

—No te avergüences.

—No —respondo—. Es que usted tiene razón.

—La chica a quien le escribiste este poema, ¿es tu novia?

Muevo la cabeza negativamente. Comienzo a hablar muy bajo:

—Es una joven muy bella, pero su trato es tan difícil: a veces dulce y a veces cruel. Me estoy reponiendo del daño que me ha hecho, pero lo más terrible es que aún siento que la quiero.

La maestra sonríe enternecida por la inesperada confidencia.

—Te voy a contar una historia, Carlos. Hace años en Estocolmo, Suecia, iba a ser robado un banco, pero los ladrones tardaron demasiado y la policía rodeó el edificio dejándolos atrapados. Los asaltantes se negaron a entregarse y tuvieron como rehenes a clientes y empleados bancarios durante ciento treinta horas. Cuando finalmente la policía logró detener a los bandidos se encontró con una joven cajera que los defendía. La chica, durante el tiempo que estuvo encerrada, mitigó su desamparo con una dependencia infantil y terminó enamorada de uno de los ladrones. Esto se tipificó como un fenómeno psicológico que se llamó *Síndrome de Estocolmo*. **Cuando alguien hace daño a una persona del sexo opuesto, el agredido puede reaccionar ilógicamente justificando al agresor, aliándose con él,**

obedeciéndole y hasta enamorándose... Esto les ocurre a muchas mujeres golpeadas... Absurdamente aman a su verdugo. A los jóvenes mal correspondidos les sucede algo similar: cuanto más son lastimados y despreciados, más aman a la persona que los daña. Pero el amor se da sólo entre dos. *Necesariamente* **entre dos, ¿me oyes? Para conformar una molécula de agua se requiere hidrógeno y oxígeno. Cada persona posee un elemento. Si aportas mucho hidrógeno, por más que lo desees, no se convierte en agua, y si te empeñas en ver líquido donde sólo existe gas, estarás flotando en sueños imaginarios** y reprobarás todos los exámenes...

Reímos. Le doy las gracias casi en un susurro. Ella me abraza con cariño.

—El próximo examen será diferente.

—Bueno. Una persona madura sabe separar sus deberes de su estado de ánimo. Inténtalo. ¿Te parece si no tomamos en cuenta este examen y lo vuelves a presentar la próxima semana?

—Gracias, maestra. Le aseguro que no voy a fallarle más.

Salgo de la escuela respirando nuevas esperanzas. Camino hacia la cafetería exterior. Me siento en la barra y ordeno un refresco. Todavía no me sirven la bebida cuando alguien me toma del brazo. Volteo. Es Camelia. Su rostro está pálido y su voz suena desesperada.

—Ven. Quiero que veas esto. Ven.

La sigo. Mi banco cae al piso con un escándalo metálico. Regreso a levantarlo y salgo detrás de la chica.

—¿Qué ocurre?

—Sheccid se encuentra en apuros.

—Ah. No me interesa.

Ignora mi respuesta. Señala a la derecha.

—Adolfo se ha aprovechado de su situación. Se enteró de que algo andaba mal con ella y no perdió tiempo. Supo actuar —casi me está echando en cara que yo no supe—. Pero ella no lo quiere y... —se desespera—, ¡tienes que ayudarla!

La pareja se halla un poco lejos, pero el lugar está tan calmado que puedo oír perfectamente todo lo que dicen. Pongo atención y sin querer, sin darme cuenta casi, empiezo a caminar hacia ellos.

—¡Déjame! ¡No quiero nada contigo!

—Esta mañana dijiste que querías y ninguna mujer juega conmigo. ¿Estamos? ¡¿Estamos?!

—Pues me equivoqué. Sabes que no quiero y que nunca he querido.

—¡Eres una desgraciada! —la toma con fuerza de un brazo y hace el ademán de que le va a pegar.

—Déjame o te saldrá caro —dice casi llorando—, te lo advierto, Adolfo.

Me sigo acercando.

—¿Qué es lo que me saldrá caro, idiota? ¡Dímelo! —la jalonea—. ¡Dímelo! ¿Me amenazas con echarme al ratón de biblioteca? ¿A la lombriz humana? ¡Ja!

Sheccid se suelta a llorar.

—Déjame, por favor.

—¿Qué me vas a hacer? ¡Responde!

—Por favor... —y llora; llora de una forma que me despierta de la parálisis. La cólera me había inmovilizado. La defendería aunque fuera cualquier mujer, aunque no fuera quien es.

Salgo del pasmo. Me doy prisa en llegar a ellos. Él la tiene asida del brazo con tanta fuerza que en su nívea piel se dibuja un amoratamiento. Cuando me ve, la suelta y ella se aleja llorando.

—¡Con que ha llegado el defen...! —y su frase es cortada por mi empujón. Se va hacia atrás tropezando con su mochila.

Respiro violentamente, Adolfo en el suelo me mira con ojos desorbitados e inyectados de furia; parece dispuesto a matarme, se pone de pie y me alerto al verlo abalanzarse sobre mí con un alarido. Seguramente es más fuerte y experimentado que yo para pelear, pero yo soy un atleta de velocidad en la pista de ciclismo y eso me permite moverme con mucha más agilidad, así que esquivo su golpe con un salto y abro los brazos para prevenir la siguiente agresión. Mi rival adopta una exagerada guardia de karateca y da un brinco proyectando sus pies hacia adelante en una extraña caricatura de patada voladora.

No tengo ninguna dificultad para esquivarlo nuevamente. Cae como un fardo.

Los curiosos nos han rodeado y gritan incitándonos a que nos partamos el alma.

Adolfo estira una pierna, con un movimiento en arco me dobla las rodillas y me hace caer también. Los dos ya en el suelo. Me alcanza y trata de asirme de los cabellos. Interpongo mis manos empujándole la cara. Rodamos hasta una jardinera de tierra negra. Me aprieta las mejillas e intenta introducirme los dedos en mis ojos. Sacudo la cabeza y giro haciéndolo quedar boca arriba. Con el puño cerrado comienza a golpearme la cara. Lo abrazo tratando de inmovilizarlo, pero sigue debatiéndose como una fiera incontrolada. Me da un cabezazo. Lo suelto instintivamente y me separo. Toma en sus manos un puño de tierra y lo restriega en mi rostro dejándome totalmente ciego. Me froto los párpados y trato de abrir los ojos desesperadamente. No lo consigo. Trato de ponerme de pie, pero me detiene. Únicamente escucho gritos a mi alrededor previniéndome de la feroz acometida. De repente su puño se estrella sobre mi cara, como una plancha de hierro que me revienta la boca. Me voy hacia atrás. Aprieto fuertemente los párpados.

Adolfo se pone de pie, da una vuelta alrededor de mí y luego se sienta a un lado con los brazos cruzados, ostentando que tiene todo bajo control. Ríe, dándose tiempo para acabar conmigo. Estoy perdido. Aprovechará mi ceguera para golpearme hasta dejarme inconsciente. Hago un esfuerzo por abrir los ojos. Difícilmente distingo colores y sombras. El pánico se apodera de mí. Más por instinto que por sana estrategia me pongo de pie de un salto. Mi contrincante no alcanza a creer que en la precaria situación en que me encuentro pueda moverme tan rápido, así que lo tomo desprevenido. Sin pensarlo dos veces lanzo una feroz patada al bulto que distingo frente a mí. Escucho un gemido y una maldición. Aún ignoro hasta qué punto lo he lastimado, así que asesto un nuevo puntapié. Adolfo se desploma y comienza a revolcarse en el piso por el dolor. Poco a poco recupero borrosamente la visión. Ha quedado fuera de combate.

—¡*Muy bien!* —me grita la plebe—, *sigue pateándolo. Le has roto el tabique nasal, es tuyo. ¡Acábalo!*

No hago caso. Miro a mi alrededor... Casi puedo ver con claridad, aunque percibo aún la presencia de múltiples piedrecitas.

Salgo del círculo y me alejo con rapidez. Llego hasta mi portafolios y veo el coche de mamá que me espera. Ella me ve subir al auto y me interroga asustadísima. Coge un pañuelo y me limpia la sangre que resbala por mi barba. ¡Pero qué me ha pasado!

—¡No me digas que eras tú el que peleaba! Pero, ¿por qué? ¡Qué te han hecho...!

Comienzo a hablar sin hilvanar bien mis ideas. Le hablo de mi diario, de la caja de chocolates, de Sheccid, de sus reacciones extrañas, de Adolfo, de la maestra Arelí. Pone en marcha el auto y me escucha moviendo la cabeza y llorando. Después de todo, si no me desahogo ahora, entonces, ¿cuándo lo haré?

Me lleva directo a un consultorio médico. El doctor revisa cuidadosamente mi única herida. No es muy llamativa, pero sí dolorosa. Tengo una cortada profunda en el labio superior y en la encía. Sólo me aplica antiséptico.

Mi madre no le dice nada a papá, pero, a la hora de la cena, me hace una seña con los ojos de que debo comentárselo.

Empiezo indirectamente, como buscando la forma de hablar de otro tema.

—Mi tío Raúl es un hombre apuesto —argumento—. A todos engaña con su fina apariencia, pero más de una vez hemos visto a mis primos cruelmente golpeados por él.

Papá me observa con una mirada de lince. Analiza la leve hinchazón de mi labio y asiente. Sabe que quiero decirle algo pero no me atrevo.

—Mi tío Raúl es un hipócrita, ¿verdad? —aventuro.

—¿Por qué?

—Recuerdo que hace unos meses vimos con él y con mis primos una película sobre aeropiratas. Trataba de un avión secuestrado por terroristas. Los raptores exigían la liberación de unos presos políticos y mataban a sangre fría un rehén cada hora. ¿Se acuerdan? —me dirijo a mis hermanos—. El tío Raúl se mostró indignado de tanta brutalidad. Exclamó a grandes voces que semejantes asesinos no tenían perdón de Dios, pero después comentamos que él daña tanto a los suyos como los aeropiratas de la película. Es un cobarde que maltrata a su familia pero al mismo tiempo es benefactor de asilos y orfanatos.

En la cocina se produce un silencio de expectación. Mis tres hermanos menores están atentos. Nadie se explica por qué me he puesto a recordar uno de los problemas más tristes de la familia.

Papá abandona su postura expectante y decide seguirme el juego.

—A tu tío le cuesta trabajo ser paciente y bondadoso en su casa —comenta—, pero no se le dificulta ser misericordioso con la gente de la calle. Eso se llama tener *doble moral...*

—Doble... —murmura mi hermana Pilar dejando el término a medias.

—Sí. A ver. ¿Cuáles creen ustedes que son las conductas destructivas en las que un ser humano puede incurrir?

No entendemos la pregunta, así que mi madre nos ayuda:

—Cigarro, alcohol, juego, pornografía, sexo ilícito, gula, soberbia, agresión familiar, crímenes, violencia, avaricia...

—Muy bien. Podemos enumerar la faltas del ser humano y al final nos daremos cuenta de que **cada persona es vulnerable sólo a algunos puntos. Ésa es la *doble moral*. Alardear de aquellos aspectos que hacemos bien sin ningún trabajo, pero callar los errores en que incurrimos...** Así, a Raúl se le da con facilidad el ser caritativo con la gente de la calle; ¿está mal? Por supuesto que no. ¿Debe dejar de hacerlo? No.

—Pero tiene el defecto de ser impaciente y agresivo con sus seres queridos.

—Exacto. Es su *doble moral.* **Quien viva una buena relación conyugal sermoneará sobre fidelidad pero tal vez tomará alcohol. El que sienta rechazo físico por el licor quizá sea infiel pero, eso sí, moralizará sobre sobriedad. El deportista tramposo dará cursos sobre hábitos de salud, la modelo sexualmente ligera presumirá** sobre dietética... **Todos hablarán de lo que se les facilita y callarán lo que se les dificulta.**

—¿Y ese asunto tiene solución?

—**Sí. Dejando de ostentar lo que hacemos bien, para plantearnos *el reto* de mejorar en otras áreas. El alcohólico que ha tomado la determinación de no volver a tomar, el hombre que decide nunca más visitar centros de prostitutas o el empresario que resuelve no volver a hacer negocios ilícitos han convertido un problema personal en *valor de reto*. Tendrán que enfrentarse a dos obstáculos: los amigos corruptos y los viejos hábitos, pero cuando los venzan, el *valor de reto* se habrá transformado en un *valor de orgullo*; formará parte de su dignidad, de su nuevo código de vida...**

—¿Tú tienes *valores de reto,* papá?

—Claro. Nadie es perfecto. **No importa la edad que se tenga. Todos debemos detectar nuestros defectos, convertirlos en *retos a superar* y más tarde en *logros de dignidad* para volver a comenzar con otro defecto. Quien no tenga las agallas de entrar a este proceso de purificación continua se convertirá, en cuanto logre algo digno de ostentación, en un patán, fanfarrón, ególatra. La verdadera superación del ser humano es un concepto estrictamente personal vinculado con la ética.**

Mis hermanos escuchan muy atentos. Yo serio. Después de esa explicación precisa de lo que ocurre con tanta gente como Adolfo o el tío Raúl, no puedo seguir evadiéndome.

—¿Qué te pasó en el labio?

Tardo en contestar, pero todos saben que ya no puedo volver a cambiar el tema de conversación.

—Me peleé.

—¿Con quién?

—Con un tipo de doble moral. Atractivo, elegante, jactancioso, pero cobarde, traicionero, ofensor de mujeres... Defendí a una chica...

Me observa unos segundos con preocupación.

—Dime una cosa. ¿El problema ya se terminó?

—Bueno, no sé... Yo le pegué más fuerte que él a mí.

—¿Y?

—Es un pandillero. Tal vez le diga a sus amigos.

Papá mueve la cabeza preocupado y toma una decisión.

—El lunes iré a la escuela y hablaré con el director.

—No... Déjame resolver este problema solo. Esta vez no se trata del promotor pornográfico, sino de un compañero de mi edad...

—Lo siento, hijo. Tengo que intervenir antes de que sea tarde.

Quizá en el fondo es lo mejor y lo reconozco, pero no estoy dispuesto a permitir que eso se repita en mi vida.

—Cuando era niño —hablo indeciso, como dudando si debo o no decirlo—, mis compañeros me pegaban constantemente, me robaban mis cosas y me intimidaban en todo momento —mi voz adquiere seguridad—. Entonces tú ibas a la escuela y los reprendías, les infundías temor o sencillamente les dabas algo, dinero, cualquier cosa, para que no me molestaran más, y yo nunca supe defenderme, nunca aprendí a hacerlo porque siempre había alguien que me defendía... siempre estabas tú.

—Esos chicos eran mucho más grandes; recuérdalo.

—Sí, pero si me hubieses dicho algún día que no querías volver a ver que me golpearan, tal vez hubiese tenido la necesidad de defenderme, y me hubiese sido difícil, porque eran más grandes, pero al menos hubiese intentado aprender a ser como todos mis compañeros. Sufrí mucho por ser siempre el protegido.

En la mesa todos están en silencio. Mis padres meditan y yo *por fin* lo he dicho, y fue mucho más fácil de lo que pensé.

—A veces me pongo en tu lugar, papá, y te comprendo, pero **pienso que se tiene que ser fuerte en ocasiones y permitir que los hijos caminen poco a poco, olvidar que no se desea verlos sufrir y dejar que aprendan a valorar su propia vida**. Porque yo sufrí después. Me costó mucho trabajo ubicarme cuando ya no estaba en edad de que me defendieras. Siempre he sido el marginado, el apocado. Ahora estoy cambiando. Se ha convertido en un *valor de reto* salir de esa categoría...

Una mosca vuela desde el techo hasta posarse en un pan dulce. Todos la vemos, pero nadie se mueve para espantarla.

—Lo de hoy fue sólo una pequeña pelea —continúo—. Todo ocurrió muy rápido... y quizá tenga que enfrentarme a problemas peores. Confía en mí. Trataré de esquivar las riñas... Si no lo consigo, tal vez pelee otra vez y me hagan daño y se arme un verdadero lío, pero al menos habré enfrentado a los malvados que me amedrentan, habré perdido el miedo a vivir, a ser hombre y a defender lo que amo y quiero... Será mi *valor de orgullo*. No sé si piensen que vale la pena... —mamá tiene los ojos nublados y se limpia una lágrima que corre por su mejilla—. Confíen en mí porque yo estoy empezando a hacerlo.

Liliana también trata en vano de reprimir las lágrimas. Papá, lleno de preocupación, pero con seriedad murmura apenas que confía en mí.

Terminamos de cenar y comenzamos en silencio a recoger entre todos la cocina. En mi interior tengo miedo también. Sé que me espera algo muy duro de vivir, y en silencio pido fortaleza... porque estoy decidido a vivirlo.

En ese momento suena el timbre de la casa. Todos nos quedamos quietos. Vemos el reloj de pared. ¿Quién podrá visitarnos en viernes a estas horas de la noche? Papá toma el interfón y pregunta con voz enérgica:

—¿Quién es?

Le contestan del otro lado.

Asiente y cuelga la bocina muy despacio.

—Es la policía. Viene a avisarnos que encontraron al chofer del coche rojo... y... a tu amigo Mario.

13

TRIFULCA COLECTIVA

Sábado, 16 de noviembre.

Muy temprano llamo por teléfono a Salvador y a Rafael para ponerlos al tanto de las últimas noticias y pedirles que me acompañen a visitar a Mario. No lo dudan ni un segundo. Mientras espero a mis compañeros, transcribo algunos atributos pensados por Ralph Waldo Emerson para obsequiarle la hoja a Mario.

¿Qué otro regalo puedo llevarle que no sean frases de ánimo?

EL HOMBRE SUPERIOR

1. *Suceda lo que suceda siempre se mantiene inquebrantable.*
2. *No desprecia nada en el mundo excepto la falsedad y la bajeza.*
3. *No siente por los poderosos ni envidia ni admiración ni miedo.*
4. *No ofende ni hace mal a nadie voluntariamente.*
5. *No desea lo de otros ni presume lo que tiene.*
6. *Es humilde en la grandeza y fuerte en la adversidad.*
7. *Es rápido y firme en sus decisiones y exacto en sus compromisos.*
8. *No cree en nadie precipitadamente. Considera primero cuál es el propósito de quien habla.*
9. *Hace bien sin fijarse ni acordarse a quién lo hace.*
10. *No le guarda rencor a nadie.*

Mis amigos y yo llegamos al hospital.

Lo primero que vemos es una anciana cansada y ojerosa haciendo guardia fuera de la habitación de nuestro compañero. La saludo de mano, pero ella me abraza y se suelta a llorar.

—Mario se niega a hablarme —susurra entre gemidos—, ha cambiado mucho. Tal vez si ve a sus antiguos compañeros recobre la alegría del pasado.

Mis amigos y yo intercambiamos miradas de temor.

—Él... —pregunta Salvador titubeante—. ¿Iba manejando el coche rojo cuando sucedió el percance?

—No. El secuestrador lo hacía. Estaba ebrio. La policía lo detuvo. No le pasó nada al infeliz. Una muchachita de dieciséis años murió en el accidente. Mi hijo se fracturó la cadera. El auto quedó deshecho.

—¿Podemos entrar a verlo?

—Háganlo. Por favor. Tal vez a ustedes les platique algo de lo que le pasó durante todos estos meses. Sean cautelosos. Ah, y si alguno trae cigarrillos, no le den, por favor. Está desesperado por una bocanada de tabaco.

Entramos con precaución a la habitación de Mario.

En efecto, nuestro amigo ha cambiado. Parece otro. Con el cabello largo. Más sucio. Más grande. Dormita. Al oír pisadas en la habitación abre los ojos sobresaltado. Nos reconoce y vuelve a cerrar los párpados.

—Hola —le digo—. ¿Cómo te sientes?

Su voz suena gutural y pastosa.

—Ellos tuvieron la culpa... Los frenos del coche. Mi madre, a su manera, es culpable también. ¿Carlos, por qué no me acompañaste? —abre los ojos pero no me mira—. Tú también tienes la culpa.

Rafael y Salvador me voltean a ver con la boca abierta. ¿Qué le ocurre a Mario? ¿Es que además le han afectado el coco? **Comprendo al verlo en ese plan que una persona puede quedarse sin dinero, sin empleo, sin amigos, sin salud, pero nunca se quedará sin alguien a quien culpar.**

—Denme un cigarro —ordena de repente.

Le contestamos que no traemos y se molesta.

—En este maldito lugar nadie quiere darme un cigarro.

—¿Qué te hicieron? —pregunta Rafael—. ¿A dónde te llevaron? ¿Te obligaron a... algo? ¿Te dieron droga?

—Si supieran... —murmura con la vista perdida en un gesto de desamparo—. Yo no tuve la culpa. Lo hice por curiosidad. Con un demonio, ¿no tienen un cigarro?

Insiste en el asunto de forma tal, que de pronto ya no tenemos nada de qué hablar. Está, como nos advirtió su madre, realmente desesperado por una bocanada de tabaco. Le entrego la hoja con el "Decálogo del Hombre Superior" y nos despedimos de él prometiendo volver mañana.

Después de la visita, mis amigos y yo discutimos mucho al respecto. Estamos impresionados por la metamorfosis de Mario. Hablamos de lo fácil que es perder el rumbo si no se cuenta con un **código de valores** y unas **metas vitales** perfectamente definidas. Llegamos a la conclusión de que **muchos compañeros de la escuela tienen una idea equivocada de lo que es crecer. Piensan que para ser mayores deben saber de sexo y practicarlo, tomar alcohol, parrandear y fumar. Hay chicas de quince años que hacen esfuerzos sobrehumanos para meterse al pulmón sus primeras fumadas. Las idiotas cruzan la pierna y levantan el cigarrillo entre dos dedos exhibiendo una falsa sensualidad. Creen que escupiendo humo y oliendo a cenicero lucen más provocativas y maduras. Basura. Porquería. Todos quieren ser lo que no son y miles de muchachos de carácter débil y precarios principios se dejan manejar por la publicidad y por los mayores viciosos.**

Me cuesta mucho trabajo dormir esa noche.

El domingo regresamos al hospital.

Mario está dormido. No tenemos suerte de hablar con él. Sin embargo, la visita resulta interesante, pues Salvador nos comparte a Rafael y a mí copias de un artículo que encontró en un libro. Los tres, después de leerlo, nos prometemos que en toda nuestra vida jamás fumaremos un solo cigarrillo, que disfrutaremos nuestra juventud y creceremos intensamente, pero por un camino opuesto al de Mario.

Al llegar a casa, archivo el artículo en mi *CCS* como un tesoro más de mi colección.

HÁBITOS DESTRUCTIVOS

Las personas son lo que son sus hábitos. Para conocer el retrato exacto de alguien, basta con hacer una lista detallada de sus hábitos: costumbres de alimentación, deporte, vicios, pasatiempos.

Un hábito es el modo especial de proceder adquirido por repetición de actos iguales o por imitación de conductas similares.

La Sociedad de Psicología Racional de Munich[1] ha determinado, por ejemplo, que quien acostumbra ver dos horas diarias de televisión se convierte en un **televidente crónico**; ante la falta de televisión, al sujeto le sobreviene un claro síndrome de abstinencia: se torna irritable, nervioso e impaciente. **La televisión es un hábito destructivo. Roba a los jóvenes la creatividad, la imaginación y la iniciativa.**

En una familia, por lo común, la mayoría de los miembros tiene hábitos similares. Uno de los más dañinos y comunes es el tabaquismo. El cigarro es una de las dos drogas mundialmente permitidas —la otra es el alcohol—, y causa enormes daños a la población. **El vicio de fumar se produce porque la nicotina tarda, una vez inhalada, de dos a tres segundos en llegar al cerebro.** Por el efecto de la droga, el cerebro libera acetilcolina: neurotransmisores que estimulan la agudeza mental y física. Si se continúa fumando, en unos minutos se producen endorfinas beta que inhiben el sistema nervioso. Por eso el cigarro ocasiona ese extraño doble efecto, estimulante y relajante. **Hoy se sabe que dos tercios de los adolescentes que prueban el cigarro se vuelven adictos a la nicotina.** La adicción al tabaco es una epidemia mundial que por desgracia no es causada por virus o bacteria alguna. El director del Instituto Nacional de Enfermedades Respiratorias[2] indicó que el **tabaco ocasiona que los dientes se vuelven amarillos, lo mismo que los dedos y fosas nasales; se adquiere olor y aliento desagradable, la piel pierde su frescura, aparecen arrugas prematuras y se afecta el**

---

[1] *ABC's of de Humand Mind,* The Reader's Digest Association Inc.

[2] Reportaje de Alma Martínez Armenta, en el periódico *El Nacional*, 31 de mayo de 1996.

rendimiento físico. **Después de algunos años aumenta la presión sanguínea y el ritmo cardiaco. Todo lo anterior da pie a enfermedades crónico-degenerativas como enfisema pulmonar, oclusión arterial, padecimientos metabólicos, alteraciones digestivas, alteraciones del sistema nervioso y de los músculos, influenza, neumonía, infartos, cáncer de pulmón, vejiga, cérvix, páncreas, esófago y boca. Además estudios recientes afirman que la nicotina PRODUCE MÁS ADICCIÓN QUE EL ALCOHOL, LA COCAÍNA Y LA HEROÍNA.** Por eso, los mítines más sangrientos en las cárceles han ocurrido cuando se ha restringido el uso del cigarro.

El cuadro anterior motiva a un gran reto para todos los fumadores: Dejar ese veneno de una vez y para siempre. De la misma forma, suscita una aseveración directa para el joven que aún no fuma: Sólo siendo un estúpido inconsciente se puede comenzar a hacerlo sabiendo lo malo que es. Declárale la guerra al tabaco. Atrévete a ser distinto. No fumes sólo porque tus padres, tus hermanos o tus amigos lo hacen. Distíngu ete por un criterio superior encaminado a ser una persona sana, próspera y fuerte... Grábalo con letras de fuego en tu corazón: "No fumaré jamás ni me dejaré llevar por hábitos destructivos, elegiré adecuadamente a mis amigos porque, al final, seré el reflejo de los hábitos que aprendí y adopté de ellos."

Lunes, 18 de noviembre.

7:00 a.m. Llego a la escuela. Camino rumbo a mi aula. Escucho ruidos, gritos, mi nombre, ¿mi nombre? Sí, mi nombre. Lo ha dicho un tipejo con peinado descabellado. Se acerca. Adopto una postura segura. Es amigo de Adolfo.

—Soy amigo de Adolfo —es un zopenco además.

—No quiero saber nada de ese gallina.

—A la hora de la salida. Si ese gallina no te mata, lo haré yo.

—Magnífico.

—Y si no lo hago yo, lo hará otro... Desde ayer por la tarde nos organizamos para darte una leccioncita —da un paso atrás—. Conque nos veremos.

—Nos veremos —respondo y alzo la voz—: Pero no temo enfrentarme a todo un gallinero.

El sujeto de copete voladizo sigue su camino sin dar importancia a mi alusión avícola que indudablemente lo incluye a él.

No debí retarlo, pero lo he hecho y ahora debo atenerme a las consecuencias. Atenerme o prepararme...

7:20 a.m. La profesora de biología no vendrá. Tenemos permiso para jugar en la cancha de basquetbol. Beatriz se pone al frente para organizar los equipos, dar detalles de distribución, límites de tiempo y cosas así. Yo escucho, pero no atiendo. Estoy muy nervioso. Me pongo de pie y voy hacia la jefa de grupo. Algunos me gritan que me siente. Le hablo al oído en tanto se forma un alboroto. Permanezco a su lado mientras ella rehace el silencio con su imponente voz.

—Muchachos. Nuestro compañero quiere decirnos algo. Les pido que guarden silencio —se apagan poco a poco los rumores—. ¿Les parece si posponemos el juego para escucharlo?

Se hace un respetuoso silencio. Bety se sienta.

No me encuentro muy seguro. Toso.

—Pues sí... es difícil de explicar... pero, bueno —me encojo de hombros—, tengo algunos problemas serios. No he encontrado mejor medio que éste para tratar de solucionarlos —las ideas me vienen por fin—, porque son ustedes quienes están más cerca de ellos y además porque, bueno, pues no podría confiar en nadie más... —aplausos. Silencio. Continúo—: ¿Alguien se quedó el viernes en la cafetería después del examen de redacción?

Se miran unos a otros. ¿Nadie lo hizo? José, *Chiquilín* (que mide dos metros de estatura), el compañero de procedencia más humilde del grupo, se pone de pie.

—Yo estuve allí.

—¿Y viste lo que ocurrió?

—Sí. Y sé lo que ocurrirá hoy —habla extremadamente lento y con torpeza—. El tipo con el que peleaste es un pandillero. No creo que se quede conforme con la nariz rota.

Se oyen murmullos y voces de sorpresa.

—¿Le rompiste la nariz? —pregunta Marina como si no creyera que yo hubiese sido capaz... Yo tampoco lo creo.

—Hubiera... —empiezo sin saber por dónde empezar—, hubiera querido que nada ocurriera —relato deshilvanado—, pero Adolfo zarandeaba de los brazos a Sheccid. Ella no quería algo... y él la maltrataba, le gritaba, la insultaba —me detengo asombrado de mi repentina poca facilidad de palabra—, sé que cualquiera de ustedes la habría defendido.

Silencio expectante. Ambiente asombrosamente estático, tenso. Yo al frente, como cuando declamo. Casi el mismo ambiente, pero no mi misma disposición. Bien. Vuelvo a darle tono a mi voz.

—Esta mañana uno de sus amigos me detuvo y me amenazó... No sé por qué les comento esto; tal vez resulta que no soy tan valiente y es cierto. Me dijo que desde ayer por la tarde se organizaron para darme una paliza entre todos.

Algo los ha petrificado. Tardan unos segundos en salir del éxtasis. Es Jaqueline quien dice:

—Quizá sólo quiso asustarte.

—No lo creo.

—Ni yo... —Leticia se pone de pie—. Conozco a Adolfo y conozco a sus amigos. Mi hermano es uno de ellos. Siempre andan en la calle hasta muy altas horas de la noche. Varios de la pandilla vienen a esta escuela, pero la mayoría ni siquiera estudia. Sólo sé que son muchos y están acostumbrados a los pleitos callejeros.

El gesto de Beatriz es muy especial, deja traslucir todas sus ideas. Conservadoras, defensivas. Avisar a las autoridades de la escuela en primer lugar. Lo propone y discuto con ella.

—No sabemos si la amenaza es real, si han llamado a sus amigos, no estamos seguros de nada. Yo sólo quiero el apoyo de ustedes y la confianza. Creo que me ayudaría mucho sentir que están conmigo.

La sesión termina y me pregunto si esto servirá de algo hoy a las dos de la tarde. Quizá no. Pero al menos ya no soy el único preocupado.

11:10 a.m. Se acercan varios compañeros de otros grupos. Forman un círculo alrededor de la mesa de la biblioteca en que nos hallamos Salvador, Rafael y yo.

—La noticia ha corrido por toda la escuela —dice uno—. Supimos que va a haber una golpiza.

—Supieron bien.

—Y supimos —dice otro— que ellos son muchos.

—Y nosotros también —aclara otro con gesto amanerado.

Lo miro espantado de que, con esos ademanes, quiera apuntarse para defenderme.

—No te preocupes, la pelea será justa. Sólo entre tú y él, nadie más intervendrá. Por eso iremos contigo, ¿te parece?

Asiento. Me parece... que ésa será la única salida. Ya no es posible aplacar un huracán tan crecido.

—Además estamos seguros de que puedes ganar —insiste el afeminado.

Todos ríen. No me equivoqué. Los valentones son tan cobardes como el repulsivo marica que los acompaña.

—Saldremos todos juntos, para cuidar que nadie te provoque, y luego queremos verte golpearlo muy duro, como el viernes. Confiamos en ti.

Entiendo. Quieren ver sangre. Me ofrecen protección a los lados, un cuadrilátero amplio y nada más. No debo hacerles caso.

—Eso haremos —me pongo de pie y salgo de la biblioteca con mis dos amigos.

—¿Eso haremos?

—Espero que no.

12:20 p.m. Me acerco a conversar con José, *Chiquilín*. A pesar de ser un buen estudiante, todos sabemos que ha tenido una vida difícil, que radica en un barrio humilde y que varias veces se ha encontrado en medio de pleitos callejeros.

—¿Qué piensas de todo esto? —pregunto nervioso.

—Pienso que estás en dificultades.

—¿Por qué?

—Porque esta mañana he investigado algunas cosas...

—¿Ah sí?, ¿qué cosas?

—Supe que Leticia tenía razón. Ese Adolfo es amigo de pandilleros de "la Loma". Si se trata de quienes supongo, debemos prepararnos para algo grande.

Esta vez el problema se me presenta más real y cercano que nunca. Me quedo callado mirándolo muy fijamente.

—Yo también tengo amigos en mi colonia. Ya telefoneé a uno de ellos para que trate de juntar a los más que pueda y vengan a apoyarnos.

—¿E... era necesario?

—Carlos, ¿nunca te has preguntado cómo es que yo formo parte del grupo experimental de alumnos especiales? Tú sabes que no cuento con mis padres para estudiar, sabes que no tengo dinero y que vivo en un ambiente hostil. Me ha costado mucho trabajo llegar hasta aquí y, créeme, no deseo problemas en la escuela... Pero viendo la situación en que te encuentras, no hay nadie más que pueda ayudarte.

—¿Por qué vas a arriesgarte?

Se encoge de hombros.

—En nuestro grupo somos un equipo, ¿no? Estoy seguro de que tú también me ayudarías... Sólo voy a esperar unos minutos para ratificar ciertas cosas. Si mis sospechas son ciertas, hablaré por teléfono nuevamente para confirmar a mis amigos que deben venir. De preferencia armados...

1:10 p.m. Hora de salida para media escuela. Doscientos cincuenta alumnos cruzan la reja haciendo alboroto, suben la larga calle empinada, invaden la cafetería, la papelería, el estacionamiento y se detienen todos echando al suelo sus porquerías. Se detienen. ¿Qué esperan? ¡Es hora de irse a casa! Los veo desde la ventana. Una enorme masa de alumnos esperando... Ignorantes de que cuanto se avecina quizá no sólo me ponga en peligro a mí sino a todos los mirones...

¡Un momento! Acerco mi cara al cristal de la ventana. Una camioneta, modelo antiguo, pintada de negro, llega y se detiene. Bajan de ella varios jóvenes con pelo largo y colgajos vulgares.

Me hallo increíblemente temeroso. La profesora de inglés comienza la lección. Será probablemente la clase más larga de mi vida. Me pongo de pie para cerrar la puerta. Antes de hacerlo me detengo. La sangre se me hiela. Regreso a mi lugar. Agacho la cabeza. La clase será una eterna muerte para mí, ahora que he visto a José, *Chiquilín,* hablando por el teléfono que está en las oficinas.

1:45 p.m. La profesora de inglés está enfurecida. Se va sin despedirse dando un portazo. No es para menos. Nadie pudo poner atención durante la clase.

Salgo del aula. Camino con toda calma. Veo el solar invadido de compañeros que me aguardan. No puedo imaginar cómo terminará todo esto.

Ariadne viene por el pasillo, de frente hacia mí. Nos encontramos y nos detenemos cara a cara. Es agradable hallarla en este trance. Sonrío. Ella no lo hace. Antes que nada conduce sus manos a mi camisa, las desliza cariñosamente hasta el cuello. Lo arregla y susurra apenas tres palabras:

—No pelearás, ¿verdad?

—Yo quisiera no hacerlo.

—Pues no lo hagas, si tú no quieres nada en el mundo podrá obligarte a pelear.

—Ojalá fuera así.

—Lo es. **No es valiente el que pelea sino el que sabe evadir el peligro innecesario.** Adolfo no puede golpearte si no te defiendes.

—¿Realmente lo crees?

—Prométeme que no harás nada para aumentar esto.

Se escuchan gritos fuera. La gente se está impacientando.

—¿Aumentarlo más, Ariadne? ¿Más?

—No debes responder a sus insultos. Esta vez es peligroso.

—Estoy de acuerdo y necesito que estés conmigo cuando pase todo hoy...

—Estaré ahí, te lo prometí, ¿recuerdas?

—Sí. Me dijiste que si decidía organizar una contienda no olvidara llamarte para unirte a mi ejército. Clarividenciaste una guerra mundial.

—¿Lo ves...? Todo está pasando, yo cumpliré mi promesa, pero cumple tú la tuya. No pelearás —sonríe—, no sabes hacerlo, ¿eh?

1:50 p.m. Las puertas de todas las aulas se abren bruscamente. Una por una. Salen muchachos corriendo. Al verme de pie todavía en el patio, dentro de la escuela, aminoran la marcha y comienzan a vigilar mis movimientos. No sé qué esperamos para salir. Tal vez a Chiquilín, quien se ha hecho cargo de dirigir esto y no sabemos adónde ha ido.

1:54 p.m. José, *Chiquilín,* viene de afuera. Entra. Le pide permiso al prefecto, quien está ya exasperado porque los alumnos del turno matutino no quieren salir y los del vespertino no quieren entrar.

—Ya llegaron. Es hora.

Ariadne no se ha separado de mí. Rafael, Salvador, Ricardo y otros compañeros nos rodean. José sigue hablando:

—He estado fuera y vi cómo están las cosas. No sé lo que tú pienses, Carlos. Si estás dispuesto a pelear, te protegemos y apoyamos, pero si prefieres eludirlo, mejor. No es la primera vez que estoy en un pleito con éstos y las consecuencias nunca fueron buenas. Así que piensa las cosas antes de actuar, porque lo que hagamos nosotros depende de lo que tú hagas.

Asiento.

—Bien, es hora de salir.

1:59 p.m. Justo nos disponemos a reanudar la marcha cuando vemos salir a Sheccid por la reja. Corre. Se interpone en mi camino.

—Carlos, por favor, no vayas a pelear... —se ve muy angustiada, no puede creer que todo esto lo haya ocasionado ella—. Te lo suplico —insiste deshilvanadamente—. No te rebajes a la altura de ese tipo. Perdóname... Ayúdame... No dejes que el concepto que tengo de ti cambie.

—Vámonos ya —interviene José—. Luego hablas con ella.

14

FIESTA NEGRA

2:00 p.m. Terminamos de recorrer la calle angosta. En la esquina la papelería ha cerrado sus puertas. No es la primera vez que saben de una pelea callejera, pero nunca han visto una de estas dimensiones.

Adolfo aparece de pronto frente a mí, acompañado de sus amigos. Son quizá unos treinta. Vienen bien armados, lo suficiente para acabar con todos nosotros sin usar las manos.

—¿Estás listo?

—No voy a pelear.

—¿Ah, no? Entonces me va a resultar más fácil romperte algunos huesos. De ésta no te salvas, ¿me oyes?

—¡Quítate de mi camino!

Se alza en su posición y tensa los brazos para aparentar musculatura.

—Quítame si puedes.

Miro alrededor. Aprovecha mi distracción. Me pone una pierna atrás y me empuja. Caigo. Se ríe.

—¿Lo ven? —alza las manos—, ¿lo ven?

Los mirones gritan. Algunos no se explican por qué no me defiendo. Me pongo de pie.

—¡Déjanos pasar! —dice Salvador saliendo detrás de mí.

—Este imbécil no necesita tu protección —contesta Adolfo—, así que cállate —y le da un fuerte codazo hacia arriba que lo tira. Al momento José se adelanta, seguido de otros dos, para sujetar a Adolfo mientras un tercero le da un gancho al abdomen. Los movimientos se vuelven extremadamente rápidos en todas direcciones, los guardaespaldas de ambos bandos se agreden. Los mirones retroceden. Salvador se incorpora y va directamente a regresar el golpe. Adolfo chilla:

—¿Qué esperan para matarlos? —pero sus secuaces están enfrascados en una pelea verdaderamente impresionante con los amigos de José. Se escuchan quejidos, gritos, es imposible saber quién golpea a quien. Caigo hacia adelante movido por un fuerte empujón. Al verme en cuatro extremidades Adolfo me propina una patada en las costillas; me desplomo. De inmediato un desconocido de mi equipo se abalanza rabiosamente sobre Adolfo. Con una mano me sujeto la costilla que me duele como si estuviese rota. Alzo mis útiles para echarme a caminar fuera de la revuelta. Cruzo la calle mirando de frente el terreno baldío que sirve de atajo en el camino a casa. Quienes querían ver sangre ya la han visto.

—¡Se va! ¡Se va! —escucho que gritan.

De entre la gente surge, bamboleándose como ebrio, Adolfo. Llega hasta mí y deteniéndome por el suéter me obliga a enfrentarlo. Los que nos rodean son muchos menos, los mirones malsanos se han quedado en la escaramuza de los pandilleros y ningún compañero de Adolfo se encuentra a la vista. Me mira con los ojos inyectados de sangre y respirando violentamente.

—¡Vas a escucharme! ¡Si no quieres pelear vas a escucharme! Ésa... —se sofoca, hace una pausa—. Ésa a quien defendiste el otro día es una cerda prostituta. Tú no la conoces. La tratas como princesa pero es una calientacamas. Yo la maltraté porque se negaba a besarme... ¡¿Te parece lógico!? ¿Una ramera a la que le pagas y luego se cruza de piernas? Es una... —y sigue insultándola, gritando, chillando fluidamente, con una terminología más deprimente que agresiva. Pocas veces recordaré haber escuchado en mi vida un lenguaje precisamente tan soez. Adolfo está como loco. Termina de insultarnos a mí y a ella; al menos eso parece, y espera que yo responda; extrañamente en todo el sitio se ha hecho el silencio. La pelea entre los vagabundos parece haber terminado porque la gente comienza nuevamente a llegar y a rodearnos. Adolfo está lívido al no ver en mí ninguna reacción. Así que alza las manos y aúlla:

—¡Además, tu hermana y tu madre son otro par de prostitutas!

Entonces me doy cuenta de que estoy tan furioso que no puedo moverme, pero lo que hace después es el fin de todo... Sorbe mocos ruidosamente, se enjuaga la boca con su baba dispuesto a escupirme a la cara y, zumbando en ese momento la sangre en mis oídos, pierdo la memoria de las promesas que hice. Asesto un puñetazo a su nariz con mucha fuerza y el sujeto se va hacia atrás. Cae en un montón de gente que lo ayuda a levantarse. Sangra abundantemente.

—Imbécil —llora—. Me has vuelto a desviar el tabique.

Puedo ver más allá de la masa humana: un congestionamiento de automóviles y una patrulla que viene llegando por un costado de la escuela. La gente de Adolfo comienza a reaparecer nuevamente, agitada, golpeada, empuñando palos y botellas. Recupero la cordura. Echo a caminar rápidamente, rodeando la frontera de enemigos.

José se acerca y me pregunta qué pasa. Le contesto que esto se terminó. Sigo mi camino con presteza. Escucho gritos, majaderías, algunas pedradas que caen muy lejos de mí. No sé qué esté ocurriendo. Sólo camino con la vista fija al frente alejándome de la trifulca.

Después de casi dos kilómetros echo un vistazo atrás. Me acompañan Salvador, Rafael, Beatriz y Ariadne. A lo lejos miro a Sheccid, con la cabeza hundida en su tristeza, de pie, viéndome alejar. Sigo caminando.

Al instante mi conciencia comienza a recriminarme.

¿No estás siendo demasiado severo? Es verdad que al fin has salido de la casilla del tímido apocado. Tuviste un reto, ahora tienes un valor. Pero no te ufanes por ello. Hay muchas cosas en tu vida que necesitan perfeccionarse. Por ejemplo, ¿cuándo te demostrarás que sabes y puedes tratar a una muchacha que quieres? ¿Cuándo serás capaz de perdonar a la mujer que amas?

Camino con más rapidez. Seguramente Sheccid sigue ahí. La costilla me duele como un piquete de abeja. Volteo.

Ella ya no está... Se ha ido...

Ya no hay nada que hacer por hoy. Tal vez mañana.

Llego a casa y platico mi aventura con lujo de detalles.

A media comida suena el teléfono. Es Ariadne. Pilar me pasa la bocina mientras los pequeños inician una bulla. Me tapo el oído libre con el dedo y saludo a mi amiga.

—Hola, ¿cómo llegaste a tu casa?

—Muy bien —contesta—, ¿y tú? Me quedé un poco preocupada.

—Creo que este asunto ya se terminó.

—También por eso te hablo. Quiero felicitarte por cómo manejaste las cosas.

—¿Yo? ¡Por favor! Sin la ayuda de José y sus amigos, estaría en la *morgue* en este momento.

Reímos. Hay un corto silencio en la línea.

—Sheccid —comenta después— tiene una fiesta en su casa. Me enteré hace rato. Es cumpleaños de su hermano Samuel. Yo no puedo ir, pero te llamo para ver si tú quieres...

La aprensión regresa con mucha intensidad. Siento que las manos comienzan a sudarme.

—No creo que sea buena idea.

—Carlos, hay cosas de ella que no sabes... Por eso debes ir a la reunión de esta tarde.

—No me ha invitado. Me parece una falta de respeto presentarme sin avisar.

Ariadne suspira.

—Dime, ¿tú amas a mi abuelita?

—¿Cómo?

—Contesta, ¿la amas?

—N... no. Ni siquiera sé quién es.

—Exacto. ¡Nadie puede amar a quien no conoce! ¡Acércate a Sheccid y conócela realmente, entra a su casa, platica con su hermano y con sus padres, convive con ella. Sólo así podrás amarla o rechazarla con justicia, pero nunca antes.

Me quedo frío al escuchar tan enérgica verdad.

Nadie puede amar a quien no conoce.

—¿Tienes una hoja donde anotar? —pregunta después—. Te voy a dar su domicilio.

Pido a mi hermana que me alcance la libreta de recados y escribo los datos que Ariadne me dicta.

Voy a mi habitación y leo un par de horas. Después escribo.

CCS: Lunes, 18 de noviembre.

Leí que las personas se conocen pero cambian.

Es mentira afirmar "lo que es, siempre será" o "lo conozco desde hace años, siempre ha sido así". ¡Mentira! Nadie es "siempre" de la misma forma.

Un día cierto hombre rico y famoso encontró en el periódico su propio obituario. Se había difundido la falsa noticia de su muerte y la prensa desplegó: "Muere el rey de la dinamita, mercader de la muerte". En efecto este personaje era hijo de un fabricante de armas que descubrió la fórmula de la nitroglicerina, pero como el manejo de tan peligrosa sustancia ocasionó múltiples accidentes, trabajó intensamente hasta encontrar la manera de operarla mezclándola con tierra y aserrín. Así surgió la dinamita, patentó el invento y se hizo millonario. Al ver el obituario, sin embargo, se sintió profundamente desdichado al comprender que pasaría a la historia como "el mercader de la muerte". Entonces invirtió toda su fortuna y energía en pro de la paz y el perfeccionamiento humano. Hoy todo el mundo recuerda a este hombre como un personaje extraordinario: Alfredo Nobel... instaurador del premio Nobel.

Este ejemplo histórico me ha hecho reflexionar mucho con respecto a la forma en que alguien puede cambiar el rumbo de su vida y trascender de manera totalmente positiva.

Al asumir nuevos valores de reto, las personas se van transformando. Al adquirir valores de orgullo nos convertimos en seres literalmente distintos de lo que fuimos en el pasado.

Si yo me siento renovado, diferente, superior, después de haber resuelto los últimos problemas, ¿por qué me he atrevido a creer que Sheccid no puede renovarse y crecer de la misma forma?

Además, todos sabemos que ella tiene dificultades familiares. ¿Por qué he decidido darle la espalda sin averiguar en qué puedo ayudarla? ¿Por qué he condenado su volubilidad antes de enterarme primero de su origen?

Ya no soy un prisionero que golpea la cabeza contra las paredes del calabozo pensando en su princesa. He descubierto conceptos que me han dado la fuerza para superarme. Ahora debo practicarlos. Escribo a continuación los aprendidos recientemente:

---

13. **La "verdadera herencia" de un padre:** *Son creencias, disposiciones, hábitos, gustos, valores, autoestima y sentimientos. La forma como un hijo viva el amor demuestra buena parte del éxito de su padre.*

---

14. **El afecto se hace con "convivencia individual":** *Si quiero tener amistad profunda con alguien (hijo, cónyuge, compañero, Dios) debo pasar con él tiempos fuertes a solas.*

---

15. **Las cosas valen por su "valor de aplicación":** *Lo que se usa es barato. Lo que no se usa es caro. El engreído que sólo busca el "valor de presunción" encuentra ruina y desgracias.*

---

16. **La "garantía para prosperar" es vigilar los detalles:** *Invariablemente quien cuida lo pequeño es bendecido con cosas grandes. Los expertos de falsedades son traicioneros, superficiales e infieles en lo poco.*

> **17**. **Hay que evitar el "Síndrome de Estocolmo":** *Una persona despreciada por alguien del sexo opuesto puede reaccionar justificando y hasta enamorándose de su agresor. El amante mal correspondido vive en un mundo de ilusión.*

> **18**. **Ser íntegro es tener "valores de reto y de orgullo":** *Si te propones no volver a caer, adquieres valores de reto. Si logras no caer, adquieres valores de orgullo. Las piedras de tropiezo serán: viejos amigos corruptos y malos hábitos.*

> **19**. **Declárale la guerra al tabaco:** *No fumaré jamás ni me dejaré llevar por hábitos destructivos. Eligiré bién a mis amigos, porque al final seré el reflejo de los hábitos que aprendí y adopté de ellos.*

> **20**. **Nadie es "siempre de la misma forma":** *Es necesario conocer a las personas para amarlas. El pasado no es definitivo. La gente puede cambiar el rumbo de su vida y recuperar el amor perdido.*

Dejo la pluma a un lado y cierro la carpeta negra lentamente.

Esta vez no me baño ni me arreglo con entusiasmo.

Iré a verla, pero es muy diferente a la ocasión en que fuimos por el libro. No me espera. Me preparo con cierto temor. Hubo algo malo en el tono de Ariadne cuando me dijo: *"Hay cosas de ella que no sabes. Entra a su casa, observa su ambiente, entérate de sus problemas; sólo conociéndola podrás amarla con fundamento o rechazarla..."* Algo indefinible me inquieta, como si Ariadne no se atreviese a arrancarme el velo de los ojos, como si quisiera que yo personalmente me enterara de lo que ella no quiere decirme.

Termino de arreglarme y salgo a la estancia para pedirle a mi madre que me preste su coche. Tengo mi permiso de conducir vigente. No necesito darle muchas explicaciones. Ella me da las llaves sin averiguar adónde voy ni hacerme ninguna recomendación.

Manejo muy despacio, envuelto en un presentimiento aterrador. Me siento como un despreciable espía.

Llego al domicilio. Me cuesta trabajo hallar estacionamiento.

Ha comenzado a oscurecer y la reunión seguramente tiene varias horas de haber comenzado.

Bajo del auto y camino vigilando a mi alrededor, obsesionado por el pleito colectivo en el que estuve involucrado. Me pregunto si algún día podré volver a caminar por la calle sin el temor de ser emboscado por una pandilla.

Llego a la casa indicada y dudo antes de entrar. Tengo la sospecha de que nada será igual después.

Samuel, el hermano de mi princesa, me recibe en persona. Le doy un leve abrazo de felicitación. Conversamos. Después de un rato camino con él. En franca e inesperada camaradería me muestra su casa. Me presenta a sus padres. Tomo un vaso de refresco y me siento en el rincón, junto a una enorme palma, a observarlo todo. Veo a Sheccid, pero ella no me ve. A distancia la estudio e intento eslabonar todas las piezas del acertijo. Mi mente no puede concretar una idea clara después de lo que platiqué con *su* hermano... Después de lo que ven mis ojos.

Ariadne tenía razón. Había cosas que yo no sabía y que debía mirar personalmente.

Permanezco más de dos horas en ese escondrijo tratando de asimilar, por entre las ramas de la palma, lo inverosímil y aceptando un hecho que marcará el inicio de otra etapa de mi vida.

De pronto me siento cansado, mareado, con náuseas.

Regreso a casa. Me encierro en mi habitación y grito:

—*¡Es injusto, incorrecto, incoherente!*

Pero nadie me ha dicho que la vida tiene que ser justa, correcta, coherente.

Me siento con fiebre. Tomo mi *CCS* y lo acaricio.

Me doy cuenta de que ahora sólo podré refugiarme en él.

Al día siguiente estoy tan débil y enfermo que no puedo levantarme para ir a la escuela. Mi madre, asustada, llama al médico. Me revisan, me inyectan, hablan cosas que apenas puedo entender, pero cuando me dejan solo, me levanto, echo doble llave al cerrojo de mi habitación, voy directo a la mesa de trabajo, abro mi carpeta negra y comienzo a escribir.

CCS: Martes, 19 de noviembre.

Sheccid:

He comprendido que formas parte de mí.

Sé que tal vez nunca estarás tangiblemente a mi lado, pero también sé que nunca te irás. Eres el aire, el cielo, el agua, eres la sed de cariño que el Creador sembró en mi corazón, eres la definición del amor, aunque jamás haya podido definirse ni pueda hacerse nunca: definir es limitar y el amor no tiene límites. La fuerza motivadora de tu esencia me ha transformado en una persona distinta. Cuando vea una golondrina cobijándose de la lluvia entre el ramal de la bugambilia te veré a ti, cuando presencie una puesta de sol te recordaré, cuando mire las gotas de rocío deslizándose en mi ventana te estaré mirando a ti. No podrás irte nunca. No te dejaré. Eres mi novia eternamente. Eres la fuerza de mi juventud... Todo lo que brote de mi pluma habrá tenido tu origen. Y daré gracias a Dios por eso. Pues como dice santa Teresa de Ávila:

Si para recobrar lo recobrado
tuve que haber perdido lo perdido,
si para conseguir lo conseguido
tuve que soportar lo soportado.
Si para estar ahora enamorado
fue menester haber estado herido,
tengo por bien sufrido lo sufrido,
tengo por bien llorado lo llorado.
Porque después de todo he comprendido
que no se goza bien de lo gozado
sino después de haberlo padecido.
Porque después de todo he comprobado
que lo que tiene el árbol de florido
vive de lo que tiene sepultado.

DESENLACE   INEVITABLE

15

LA PREGUNTA DEFINITIVA

Después de la tercera noche de convalecencia se levantó para ir a la escuela. Se sentía débil, pero era viernes y no podía recibir el sábado sin haber visto a Sheccid. La amaba más que nunca, con una fuerza que le dolía.

Apenas entró a la escuela, reparó en que Adolfo se hallaba en el patio charlando con sus amigos. Se alteró un poco. Estaba justo por donde tenía que pasar. Por un momento pensó en dar la vuelta y elegir otra ruta, pero después consideró necesario enfrentarse a él y saber a qué atenerse. Se acercó sin titubear. Adolfo se irguió con aire amenazador. Sus guardaespaldas sólo sonrieron en son de burla, como si ya no estuviesen dispuestos a meterse en más líos.

Al pasar a su lado Carlos se detuvo. Cruzó por su mente la idea de hablar con él, de decirle que le hubiese gustado que nada hubiese ocurrido y tenderle su mano de amigo, pero Adolfo malinterpretó el gesto y comenzó a ofenderlo. No amenazó con otra gresca, sólo lo insultó. Tampoco Carlos quería más problemas. Se encogió de hombros pensando "bien dicen que brindar consideración a un necio es como arrojar rosas a los puercos".

Siguió su camino.

En la escuela aún se hablaba de la pelea colectiva, del peligro que todos corrieron, de las diferentes conductas de los contendientes.

La profesora Arelí confesó en su clase que ella y el director fueron quienes mandaron llamar a cuatro patrullas de la policía para que detuvieran la pelea.

—Beatriz, te pedí que no les avisaras.

—Lo siento —contestó su amiga—. Yo no quería que intervinieran en tus decisiones pero tampoco quería que te hicieran responsable si ocurría algo grave.

La maestra Arelí terminó contando cómo los profesores presenciaron lo que pasó desde el salón de dibujo; vista panorámica a través de los ventanales y sin empujones ni peligro.

Cambio de tema.

La profesora alzó la voz e hizo una petición. Todos la aprobaron. Por supuesto que él también la aprobó. Hacía mucho tiempo que no declamaba y ahora se encontraba en la mejor disposición para hacerlo. Se paró al frente y recitó con emotividad "La nacencia", "Reír llorando", "Los motivos del lobo", "Romance del hijo que no tuve contigo".

Terminó la "clase" y la maestra Arelí lo llamó a solas.

—¿Cómo van las cosas con aquella chica?

—Mal —contestó él.

—¿Será tan bella por dentro como lo es por fuera?

—Sí.

—No te equivoques en eso. Escribí unas frases al respecto pensando en ti.

—Gracias —contestó el joven tomando la hoja que le alargaba su maestra. La leyó de inmediato:

EL CUERPO ESTORBA

● *El cuerpo estorba, pues nos impide ver el espíritu escondido en él.*

● *El cuerpo estorba porque sólo tiene cinco precarias ventanitas (vista, oído, tacto, gusto y olfato) por las que podemos asomarnos al mundo para percibir no almas, no la verdad, sino —solamente— cosas materiales, engañosas.*

● *El cuerpo estorba porque, al no tener otros escapes, los cinco sentidos le producen placeres que pueden convertirse en vicios (sexo, gula, droga, alcohol, etc.) y esclavizar más al ser espiritual encerrado en él.*

● *El cuerpo estorba porque cuando se "descompone" causa dolores, molestias y se convierte en un terrible pesar.*

● *El cuerpo nos lleva a ser muy receptivos a las habladurías. Queremos saber qué dicen y hacen los demás a nuestras espaldas para conocer el alma que no podemos ver con los ojos de la cara.*

● *El cuerpo estorba porque, al estar limitado a lo físico, nos hace admirar cosas que no son ciertas. En la adolescencia todos creemos estar enamorados, pero son espejismos. El verdadero amor se da con el conocimiento profundo no únicamente del físico, sino del espíritu humano que sólo es posible ver* **con los ojos del corazón.**

No quiso pensar mucho en el escrito de la maestra. Le incomodó más que ayudarle. No creía que el amor que sentía por Sheccid fuera un espejismo. "¿En la adolescencia *todos* creemos? Era erróneo generalizar y en todo caso, siempre había excepciones a las reglas."

Averiguó que el grupo de Sheccid tenía clase de educación física durante la última hora y se las arregló para presentarse oportunamente en el pasillo que conducía a las canchas.

Cuando vio sus singulares movimientos se puso alerta. Caminaba hasta el final del grupo acompañada de Ariadne y Camelia. Todos los jóvenes usaban ropa y zapatos deportivos menos ella. Traía un vestido rosa entallado e iba peinada con el cabello recogido hacia un lado y unido todo arriba. ¿Se habría equivocado de fiesta? Inmóvil, vio pasar a las tres chicas frente a él. Se acercó por un costado. Ariadne fue la primera en darse cuenta y al momento gritó con urgencia, casi eufóricamente:

—¡Acompáñame, Camelia!

—¿A... adónde...? —Ariadne la tomó de la mano.

—El maestro de deportes ya llegó. Apresúrate.

Se alejaron un poco. Sheccid dio un paso hacia ellas.

—Voy con ustedes.

—No. No —siguió Ariadne alejándose con su rehén—, tú espéranos en aquel recodo. Hay una banca muy bella.

—No me dejen sola.

—No lo estarás.

Antes de que la mano se apoyara en su hombro, ella ya sabía que alguien se encontraba detrás.

Se estremeció indefensa y se apartó suavemente. Su expresión de incredulidad cambió por un gesto turbado, sonrojado.

—Te ves linda con ese peinado —comentó él.

—Tengo clase de educación física.

—¿Con ese vestido y esos zapatos?

—De acuerdo. No voy a hacer deportes porque me duele mucho una... rodilla.

—¿Por qué no nos sentamos? A Ariadne le pareció bien la banca de aquel rincón.

—Vaya aliada que tienes, ¿eh?

Caminaron hasta el solitario recodo.

—Un muchacho que vivía cerca del mar era amigo de las gaviotas —comentó él, evocando una de las historias que había leído—. Todas las mañanas jugaba con ellas. Llegaban por centenares, lo rodeaban, se posaban en sus hombros y brazos. El padre del chico le pidió que atrapara una. Al día siguiente las gaviotas danzaron en el aire pero no bajaron. Detectaron el gesto, la actitud amenazadora, la mirada, el tono de voz...

—¿Qué quieres decirme?

—Tú sabes... Puedes percibir, adivinar, sentir... lo que pienso de ti... No tengo que utilizar palabras...

—No soy gaviota. Soy mala para adivinar. ¿Qué piensas de mí?

Respiró controlando su aprensión y habló decidido:

—Si pudieras creerme, te diría que quiero que seas mi amiga más importante, mi compañera de vida, mi ayuda idónea...

Ella parecía triste. Desubicada. Tomó asiento con la vista perdida. Él la imitó.

—No había tenido la oportunidad de darte las gracias por

defenderme de Adolfo. El lunes, después de la pelea colectiva, te seguí para hablar contigo, pero no quisiste...

—Estaba muy enojado, Sheccid. Fuiste tú la que provocó todo ese circo. Primero te burlaste de mi diario, después despreciaste el regalo y la carta que te di, al día siguiente aceptaste ser la novia de Adolfo...

Asintió lentamente.

—Si soy tan malvada, ¿por qué insistes en que sea tu "ayuda idónea"?

La tomó de la mano y ella lo permitió.

—Conozco tus defectos, sospecho tus problemas y te amo así como eres...

—Hay cosas que no sabes de mí.

—Tal vez te equivocas.

Permaneció callada unos segundos, después retiró la mano con suavidad.

—Me agradas, Carlos, porque me respetas y porque dices abiertamente lo que sientes... **Las personas, hoy en día, sólo exteriorizan amargura y suelen guardar sus sentimientos positivos hasta que ya es demasiado tarde...**

—¿Por qué pareces tan triste, Sheccid?

—Hace un año falleció mi abuelita. Fue terrible ver cómo alrededor de su lecho de muerte hijos y nietos lloraban, prometían que si vivía no volverían a ofenderla, que nunca más la harían a un lado, que ya no la tratarían como a un estorbo. "Sabemos", le decían, "lo aburrido que debe de ser estar todo el día en una mecedora, encerrada, viendo la televisión; reponte y, es una promesa, te atenderemos, te pasearemos, te daremos amor..." Demasiado tarde, ¿me entiendes? **Es el síndrome del fin del mundo: si nos quedaran únicamente veinticuatro horas de existencia, todas las líneas de teléfono se saturarían de personas que llamarían a alguien para decirle "perdóname" y "te amo"... Pero en circunstancias normales no lo hacemos.**

Se detuvo con gesto extraviado, invadida de una gran pena.

—Sigue —pidió él fascinado—, nunca te había oído hablar así.

—Ver morir a mi abuelita —continuó como quien se desahoga con un confidente de toda la vida—, rodeada de tantas personas arrepentidas por haber sido ingratas con ella, me hizo pensar en **la enorme necesidad que tiene el ser humano de amar y respetar, de ser amado y respetado. Hay miles de ancianos, minusválidos, enfermos y niños que sólo reciben desprecios.** Tuve una sobrina llamada Paty, con daño cerebral. Mi tía Jaquelin Boyer le escribió su epitafio cuando murió... —hizo una pausa; a lo lejos se escuchaban los gritos de sus compañeros que jugaban basquetbol—. Era una oda a la vida, un llamado a la gente insensible para que dejara de actuar como robot y comprendiera que **lo más valioso de la vida se encuentra a nuestro alcance; que dar consuelo, ánimo, afecto, puede convertir una vida vacía en una vida bendecida y de bendición.**

—El epitafio de tu prima con... daño cerebral, ¿cómo es?

—*Bienaventurados los que entienden que aunque mis ojos brillan, mi mente es lenta.*

"Bienaventurados los que saben que mis oídos tienen que esforzarse para comprender lo que oyen.

"Bienaventurados los que al mirarme no ven la comida que dejo caer en el plato.

"Bienaventurados los que disimulan ante mi extraño paso al caminar y mis manos torpes.

"Bienaventurados los que comprenden que aunque no hablo, mi corazón les dice cuánto los amo.

"Bienaventurados los que me respetan y aman como soy y no como ellos quisieran que fuera.

"Bienaventurados los que con su amor y sus cuidados me acompañaron en mi peregrinar al encuentro con Dios...

Carlos la miraba sorprendido. Parecía otra mujer. Se veía más grande, más madura. Tal vez por el vestido ceñido que destacaba sus formas femeninas, tal vez por el peinado recogido, por su tono de voz o simplemente por sus palabras. Eran tan profundas que se preguntó, recriminándose, por qué no se había propuesto antes descubrir el alma escondida en ese cuerpo que estorbaba tanto.

—Princesa, me asombra oírte hablar así... pero, ¿por qué surgió todo esto?

—Estábamos comentando sobre Adolfo —la voz se le quebró un poco—. Él quería controlarme y tú me defendiste. **La gente ya no sabe amar. Las relaciones afectivas están contaminadas de búsqueda de poder. El hombre quiere mandar, someter y la mujer utiliza sus recursos también para dominar. Ninguno se abre, ninguno se muestra como es, porque hacer eso vuelve a la persona terriblemente vulnerable...**

—Me preocupa verte con los ojos vidriosos al hablar de Adolfo... Dime. Por favor, necesito saber. ¿Qué sientes por él?

—Con el tiempo lo olvidaré.

Sintió como si una enorme roca hubiese caído sobre su cabeza. No podía creerlo, no era lógico. Sospechó que había algo discordante en la escena. Una joven inteligente que hablaba sobre la enorme necesidad de amar y respetar, de ser amada y respetada, no podía sentir nada por alguien que la había maltratado y le había llamado a gritos "prostituta calientacamas".

—Sheccid, estás fingiendo...

Ella no contestó. Se vislumbraba en su semblante no sólo un cariño intenso, sino un dolor, una tristeza secreta.

—Yo no soy tu enemigo —insistió el joven—. Por favor, tenme confianza. Muéstrate como eres. No temas volverte vulnerable frente a mí. Nunca te haré daño.

—¿Por qué insistes en suponer que puedes leer mis pensamientos?

—Porque puedo. Es la ley de reciprocidad: Si yo pienso que una persona es tonta, esa persona lo percibe y piensa lo mismo de mí; si honestamente creo que otro es fantástico, ese otro lo siente y acaba pensando que yo también lo soy... Tú me conoces. Te amo. Te necesito, hay una fuerza poderosa que me une a ti. También debes de sentirla... no la rechaces... Quiero hacerte la pregunta definitiva. Será la última vez, nunca volveré a insistir. Por lo que más quieras en el mundo, sé honesta, ¿de acuerdo?

Dijo que sí con la vista en el suelo.

—¿Tú me amas...?

Se mostró nerviosa, respiró hondo y afrontó su definitiva e irrefutable respuesta con firmeza:

—No, no te amo.

—Dímelo viéndome a los ojos.

—Da lo mismo.

—¡No da! ¡Estás hablando conmigo, no con el suelo!

—Bueno —levantó las pupilas—. Cuando estás cerca de mí siento... algo y yo deseo, necesito, un amigo como el que me propusiste ser, pero no te amo y eso es definitivo, ¿de acuerdo? —esta vez le había hablado viéndolo a la cara; la sensación amarga de un mar de esperanzas y de sueños reventados le invadió el estómago—. Te propongo que lo intentemos más adelante —continuó—. Deja pasar el tiempo. Así maduraremos esta relación y en otro momento, dentro de algunos años, tal vez... —hizo una larga pausa—. ¿Podemos despedirnos?

Carlos no respondió. ¿Es que todo era cierto? ¿Es que podían?

—Como amigos. No hagas esto más difícil de lo que ya es.

La parte consciente de él quería aceptar y mostrarse razonable, pero había otra parte, la emotiva, la de su dignidad, que no podía, que le producía un intenso dolor.

Ella se encargó de terminar.

—Recuerda. Tal vez después, en otro sitio, en otras circunstancias, nos encontremos. Ahora olvida todo. Olvídame a mí, ¿sí?

Su cerebro le daba vueltas.

—Adiós, amigo.

Asintió levemente, pero para su sorpresa no la vio irse.

Sheccid puso una mano sobre su hombro. En su delirio no supo si ella en verdad se estaba acercando o era sólo su imaginación. Los labios pequeños y dulces de la chica se entreabrieron y llegaron hasta los de él. Su cuerpo era una masa paralizada y palpitante. Sintió un beso suave, tierno, breve. Percibió desatada una química poderosa al contacto de sus labios, pero sólo un par de segundos. Ella se separó y pronunciando nuevamente un adiós casi inaudible se dio media vuelta y comenzó a alejarse. Esta vez dentro de él había una revolución y un deseo, un deseo irreprimible de retenerla...

¿Que si me duele?	*En la herida que me hiciste*
Un poco; te confieso	*pon el dedo.*
que me heriste a traición;	*¿Que si me duele?*
mas por fortuna,	*Sí, me duele un poco,*
tras el rapto de ira	*mas no mata el dolor...*
vino una dulce resignación...	*No tengas miedo.*

Luis G. Urbina

—¡Espera, Sheccid! —¿por qué gritó? Respondió a esa fuerza irreprimible de retenerla, de darse tiempo para aceptar que ese beso fue verdad, que todo eso lo era—. ¿Cuánto tiempo? —la chica giró despacio llevándose la mano al rostro para desaparecer una lágrima que salía abiertamente de sus ojos—. ¿Cuánto tiempo tengo que esperar para volver a tratar de ganarme tu cariño? ¿Cuánto?

Avanzaba hacia ella, avanzaba sin darse cuenta, sin esperar siquiera una respuesta; sólo queriendo darse una tregua para empezar a razonar un poco.

—¡No te acerques! —le contestó con un miedo repentino—. No te acerques, porque entonces podré arrepentirme.

Ahora se hallaba tensa, como si al verlo aproximarse viese desmoronarse una gran obra.

—¿Arrepentirte? ¿De qué?

—Eres un problema para mí. Mi único problema.

—Entonces, ¿por qué ese beso?

—Quise ilusionarte un poco.

—¡Ilusionarme!

Ya no existía ninguna duda. La miró con verdadera furia.

—Eres tan manipuladora...

—No digas eso, Carlos... Ya nos habíamos despedido. Vete. No tienes derecho a perseguirme... ni a hacerme sufrir... Te lo ruego, déjame en paz...

La inestabilidad de la chica le dio energía para responder. Estaba decidido a echarle abajo su gran obra.

—¡Pero ni siquiera sabes mentir...! Tratas de ocultarme algo y tomas tranquilamente la salida más repugnante. Y me engañaste por un momento. Reconozco que me engañaste. Sea cual sea tu futuro te has aferrado a que la gente te odie a cambio de hablar de él, pero dime —la tomó del brazo y la apretó—, ¿quién crees que te recordará después...? Ni siquiera yo —hizo una pausa y la soltó—, ni siquiera yo que te quise tanto...

Ella giró un poco la cara y se dejó llevar por una aflicción proveniente de lo más profundo de su ser.

Él ya no se conmovió. Seguía irritado.

—Tus lágrimas sólo me demuestran que estoy en lo cierto —continuó—. Eres pusilánime, indecisa. Te contradices a cada momento... Mira, Sheccid, tal vez en un futuro volvamos a encontrarnos, pero las condiciones cambian. Si para entonces ya has madurado verás cuán diferente será nuestra amistad... ¡Por ahora quédate con tu tonto complejo de mártir...!

Ella se había llevado ambas manos al rostro y sollozaba con aflicción, con verdadero pesar.

Carlos salió al pasillo de las canchas. La clase de educación física había terminado. Caminó al aula con intenciones de recuperar su portafolios. Subió al edificio y echó un vistazo a la explanada. Desde arriba podía ver a Sheccid sentada en la banca de piedra.

Ariadne y Camelia aparecieron. Corrieron hacia ella preocupadas. ¿Por qué lloraba? ¿Qué le habían hecho?

"Entra al salón por tus cosas y vete ya. ¡Vete!"

Sheccid, inclinada, se tapaba la cara. Camelia, en cuclillas, trataba de consolarla y Ariadne buscaba a "alguien" a su alrededor. Lo localizó de inmediato y caminó para encontrarse con él. Carlos entró al aula, sacó su portafolios y se dirigió hacia abajo.

Había descendido apenas el primer escalón cuando Ariadne

apareció doblando el recodo del pasamanos. Se detuvieron dejando media escalera de por medio.

—¿Qué ocurrió?

—Esto es inútil.

—Contéstame, dime algo o realmente supondré que...

Descendió los peldaños que los separaban con intenciones de marcharse de una vez, pero ella se interpuso.

—Déjame pasar.

—¿Adónde vas?

—A mi casa...

—Siempre supe que eras una gran persona. No me decepcionarás ahora, ¿eh? Carlos... ¿qué ocurrió?

La vio a escasos centímetros, la vio entre nubes, borrosamente. ¿Estaba dejándose vencer? ¿Por qué su visión no era clara? ¿Qué era exactamente lo que estaba viviendo?

—No tiene caso seguir con esto, amiga...

Los enormes ojos de la pecosa lo miraban con dolor. Parecía una muñeca de porcelana mal terminada.

—De acuerdo —creyó escuchar su voz—, confío en ti, Carlos. Nunca dudaría de tu integridad. Si le gritaste, si la hiciste llorar, debes de tener tus razones. Te apoyo en todo —entre sombras pensó que él también la apoyaría en todo—. Sólo que es tan difícil ver cómo mis dos mejores amigos no pueden entenderse.

En un impulso incomprensible se abrazaron. Fue un abrazo de lealtad, de hermandad, de afecto incondicional.

—Gracias, Ariadne... De veras, gracias...

Comenzó a caminar hacia la puerta de salida respirando, pasándose una mano por el cabello, limpiándose los párpados. Volvió la vista al final del solitario patio y pudo distinguir que Sheccid se hallaba ahí todavía. Pero había ocurrido algo extraño. Ya no estaba sentada sino... ¿acostada? Camelia la sostenía en brazos y gritaba como loca. Dios mío. El cuerpo de su princesa estaba flácido, inconsciente.... Corrió hacia ellas y alarmado vio su tez amoratada. No sólo se había desvanecido, sino que parecía estar ahogándose.

16

TE EXTRAÑARÉ...

Camelia sufría un ataque de histeria y pedía ayuda a grandes gritos. Llegó Ariadne. Otros jóvenes se aproximaron. Nadie sabía qué hacer. Carlos le golpeó repetidamente su mejilla. La chica se veía grave.

—Pronto —le dijo a Ariadne—, corre a las oficinas. Busca al profesor de biología, que es doctor. Ustedes, ayúdenme a levantarla. Vamos a llevarla a la enfermería.

La pecosa salió como bólido. Carlos la tomó de los brazos y otros dos muchachos la cargaron de las piernas. Caminaron con dificultad hacia el edificio frontal. Camelia iba fuera de sí. Cuando llegaron, Ariadne los esperaba ya con toda una comitiva. El médico no estaba, pero sí la maestra de educación física, que había cursado primeros auxilios. Pidió alcohol, algodón, le dio a la chica respiración artificial y, después de algunas rápidas maniobras, Sheccid comenzó a toser.

Unos minutos más tarde llegó la ambulancia. Era del todo innecesaria ya. La chica se encontraba sentada en la mesa de enfermería. Los paramédicos la revisaron de todas formas. Tomaron sus signos vitales y al detectarle la presión baja le preguntaron si estaba en algún tratamiento médico. Ella dijo que sí, sacó una cajita de pastillas y se las mostró. Muchas cosas parecieron aclararse para los expertos.

Eran tantos los curiosos que les pidieron desalojar el estrecho cuarto para permitirle descansar mientras llegaban sus padres, a quienes habían avisado telefónicamente.

—Sólo quédense una o dos personas con ella —sugirieron los asistentes—. Necesita relajarse y respirar aire limpio.

Compañeros y maestros desfilaron hacia afuera. Carlos se quedó inmóvil en su rincón. Se sentía un poco culpable. Una vez desocupado el recinto sólo quedaron Ariadne, Camelia y él. Uno sobraba. La pecosa lo miró con fijeza como preguntándole con la mirada si quería hablar con Sheccid. Asintió ligeramente.

—Vamos a dejarlos conversar unos minutos —dijo a la larguirucha.

—Eso sí que no. No voy a permitir que siga lastimándola.

—Déjalos, Camelia. Es problema de ellos.

—¿Tú quieres quedarte a solas con él?

Sheccid no hizo ninguna seña afirmativa o negativa.

—Está bien, pero ten cuidado con lo que...

—Cállate y vámonos.

Las muchachas salieron parsimoniosamente, enfrascadas en una discusión.

El silencio se hizo presente en esa atmósfera de intensos sentimientos.

Ella estaba sentada en la mesa sin emitir sonido alguno. Él de pie. No sabía cómo recomenzar. Su corazón latía con vehemencia.

—Me asustaste —su fonación era baja—; pensé que enviudaría antes de casarme.

Ella sonrió.

Él se acercó. Alzó lentamente la mano de la chica y se la llevó a la boca para depositar en ella un beso suave, dulce, respetuoso. Luego la posó de nuevo sobre la mesa. Al fin ella lo miró de frente. Sus ojos irradiaban un aire de desamparo, su hermoso peinado había desaparecido, ya no quedaban más que cabellos castaños brillantes desordenados, sus mejillas se percibían ligeramente tiznadas.

—Yo... —su voz sonaba apacible y lánguida—. Estoy muy apenada por haberte hecho pasar por... —se veía confusa y afligida—. No había necesidad. Te traté mal. Te mentí con respecto... con respecto a lo que sentía. Adivinaste muy bien mis pensamientos. Tu ley de reciprocidad es cierta. Te mentí porque tenía miedo; miedo de cultivar este amor para después cortarlo... Carlos, me tengo que ir. No quería despedirme de ti amándote tanto...

Sintió una explosión de pasmo combinada con júbilo y aflicción. Cuando fueron por el libro ella le dijo que su padre era extranjero y habían cambiado de residencia cuatro veces en dos años.

—Nos vamos a otro país y esta vez para siempre.

No era justo... Resultaba tan difícil de aceptar, de comprender. Que el amor de su vida hubiera llegado para esfumarse así.

—Y yo luché, ¿me entiendes? En cuanto se confirmó el viaje definitivo, luché para no decírtelo. Luché contra mis propios sentimientos. Cada vez me enamoraba más de ti y no quería sufrir ni hacerte sufrir... Ahora entiendo que fue un error... Lo hice todo tan mal... Traté de alejarte inventando que Adolfo me gustaba. Ojalá algún día puedas perdonarme... —empezó nuevamente a llorar—. Te quiero, te quiero mucho. Quizá más de lo que tú a mí porque... yo siempre lo he callado y lo he soportado en secreto.

—Procura calmarte... Eres muy fuerte, Sheccid...

—Estaba ciega, ¡y ahora te lo digo! Ahora —las lágrimas bullían pero ella no dejaba de hablar—, que me tengo que ir y que no podremos vivir ni un día ese noviazgo que hubiese llegado a ser una experiencia maravillosa... Debí decírtelo antes; aceptar mi cariño hacia ti, tal vez contándote una mentira o lo que fuera; después de todo al final he tenido que hacer eso ni más ni menos.

Su voz se apagó y gimió lastimosamente.

—Me confundes. ¿Esto del viaje es mentira?

—¿De qué me sirve amarte tanto, Carlos?, ¿de qué? Si mintiéndote o no sólo voy a significar problemas para ti... ¿Por qué si yo quisiera ser para ti toda la alegría tengo que representar esto...?, ¿de qué me sirve amarte entonces?

Él renunció a averiguar más.

—No hables así. Nada importa. Piensa que estamos juntos —se acercó a ella hasta recargarse en sus rodillas—. El pasado ya pasó y el futuro no existe. Sólo el presente... Mírame a la cara. Olvídate de los problemas y mírame como hace un momento —llevó una mano a su rostro sucio y lo alzó con delicadeza—, vamos...

—A ver —balbuceó ella muy despacio y parpadeó al subir la vista—, ya está.

—No llores más —recorrió su húmedo semblante con el dedo. Llegó hasta el surco de sus labios.

—Debo irme, Carlos, ¿te das cuenta? Y el amor de mi vida se queda aquí... —¿es que no se daba cuenta?—. Se queda contigo.

—¿Cuándo te vas?

—Este domingo. Hoy es el último día que vengo a la escuela. Mañana me harán una pequeña operación en la rodilla y nos iremos de inmediato. ¿Sabes? —sonrió coqueta y echó una mirada a su alrededor—, me vestí y me peiné especialmente para despedirme de todo lo mío... Para despedirme de ti aunque no lo supieras.

Se escucharon unos golpes en la puerta.

Carlos dio un paso atrás. En ese instante entró la maestra de deportes acompañada de un hombre alto de cabello entrecano y profundos ojos azules.

—Papá...

—¿Cómo estás, hija?

—Ya bien.

—¿Tuviste otro acceso? —Sheccid asintió—. ¿Puedes levantarte?

—Claro...

De un pequeño salto se puso en pie. Su padre la abrazó por la espalda y caminó con ella hacia afuera. Agradeció a los maestros y compañeros que la hubieran ayudado.

—De hecho —comentó a la concurrencia—, ella ya no vendrá más a esta escuela. Tenemos algunos cambios de planes. Espero que a pesar del incidente se haya podido despedir de sus amigos.

La afirmación dejó a todos boquiabiertos. Sheccid no le había dicho a nadie que se iba.

Padre e hija salieron por la puerta de la escuela y comenzaron a recorrer la calle larga y estrecha rumbo al estacionamiento superior en el que días atrás se escenificó la trifulca colectiva.

Carlos caminaba detrás de ellos a varios metros de distancia. No podía creer lo que ocurría. Que el amor de su vida se fuera así.

Sheccid llegó con su padre hasta el automóvil. Cuando le abrió la puerta, ella intercambió algunas palabras con él y no subió.

Carlos sentía un nudo en la garganta y las lágrimas bordeaban sus párpados. El cuerpo le hormigueaba al verla cómo dejaba el coche y comenzaba a caminar hacia él... Cuando casi había llegado percibió un fuerte impulso de abrazarla, pero algo lo detuvo, quizá la indiscreta presencia del padre que los observaba desde el estacionamiento.

—Le pedí a papá unos minutos para despedirme de ti, pero en realidad no quiero irme...

Él asintió. Tenía la garganta hecha nudo.

—Tal vez nos volvamos a ver pronto —logró decir al fin—, el mundo es redondo y...

Ella movía la cabeza negativamente.

—No creo que nos veamos. Mi familia es nómada.

—Dijiste que antes del viaje te operarían la rodilla. ¿Podré ir a verte?

Silencio.

Los ojos más fantásticos que lo habían mirado estaban tristes.

—¿En qué hospital estarás? —insistió.

—Olvida eso... Olvida todo y mírame a la cara. Ahora yo te lo pido; recuérdame así; mira... mira, ya no lloro más, lo hago por ti... yo... —su rostro reflejaba un infantilismo tierno, capaz de derretir el alma al más insensible—. Yo, Carlos, no quiero que me recuerdes llorosa y descompuesta, por eso sonrío, para que tengas una buena imagen de mí cuando estemos lejos... Haría cualquier cosa por verte feliz. No llores tú tampoco.

—Te extrañaré, Sheccid.

Al oír esa frase, el adiós irremediable se hizo presente.

—Yo también te extrañaré —susurró apenas—, porque eres el muchacho que he querido... y del único que me he tenido que despedir.

Él sonrió. Era el noviazgo más intenso y corto de la historia.

—Adiós —dijo ella—. Debo irme.

¿Ésa era la despedida? ¿Tan trivial? ¿Tan vacía? ¿Porque era tarde y no encontraba otra forma de terminar con la cuestión?

Recordó una despedida similar en el autobús en la que se quedó parado con su inexperiencia y su indecisión y la vio alejarse. Esta vez no lo permitiría.

Cuando se dio la vuelta para disponerse a caminar, la sujetó por la muñeca. Ella giró y se encontró con él.

Se abrazaron como queriendo fundirse el uno en el otro. Ya no les importó que el padre pudiera verlos. Se olvidaron de todo y de todos. En ese instante sólo existían ellos. Carlos percibió ese abrazo tan diferente al de Ariadne. Con la pecosa sintió la paz de una compañera dulce, pero con Sheccid sentía el cuerpo de una mujer, de la mujer que amaba, que despertaba en él escondidas vibraciones jamás experimentadas. Hundió la cara en su cabello. Deslizó poco a poco las manos hasta su estrecha cintura y acompasadamente, en un magnetismo irresistible, sus rostros se acercaron. No había prisa. Todo el tiempo del mundo era suyo en ese instante. Los labios de Sheccid se entreabrieron permitiendo vislumbrar la silueta de unos dientes magníficos. Carlos la atrajo con firmeza. Sintió el roce de su boca... sólo el roce. Llevó las manos a su espalda para sujetarla. Cerraron los ojos y se dejaron ir por un abismo de emociones extraordinarias. Ella respiraba rápidamente. En su aliento había un eco de frescura y sensualidad. Sus labios sensibles se mecieron en una exquisita fluctuación de movimientos aceptando profundamente, luego rehusando ligeramente y al final equilibrando la ligera presión de los labios de él. Disfrutaron dentro de esa brumosa oscuridad matizada con perfumes y emociones de fantasía. Ahora ya nada podría separarlos, ni la más lejana distancia. Sheccid se apartó un poco, pero aún sin atreverse a concluir. Sus ojos se abrieron. Se miraron sintiéndose juntos y, deseando eternizar el momento, pausadamente, tan pausadamente como se unieron, se separaron. Sin dejar de mirarse, pero con algo nuevo, el gusto de un amor infinito que tardarían mucho tiempo en dejar de saborear.

—Adiós, mi cielo...

—Cuídate mucho —¿qué otra cosa podía decirle?—. Que Dios te bendiga siempre.

Dijo que sí. Parecía no poder añadir nada más.

Echó a correr hacia el coche que la esperaba.

Su padre le abrió la puerta y rodeó el automóvil para subir a su vez.

Carlos observó cómo el vehículo se alejaba. Detrás de los vidrios alguien le decía adiós con la mano.

Él no pudo contestar.

17

¡NO PUEDE SER!

Lied

La mañana está de fiesta
porque me has besado tú
y al contacto de tu boca
todo el cielo se hace azul.

El arroyo está cantando
porque me has mirado tú
y en el sol de tu mirada
toda el agua se hace azul.

El pinar está de luto
porque me has dejado tú
y la noche está llorando
noche pálida y azul.

Noche azul de fin de otoño
y de adiós de juventud,
noche en que murió la luna,
¡noche en que te fuiste tú...!

Jaime Torres Bodet

Iban a dar las cinco de la tarde.

Cerró el libro, echó la cabeza hacia atrás y observó el techo del recinto público. Escribiría unos treinta minutos más. Avisó telefónicamente a su casa que iría a la biblioteca municipal. No mintió. Ése era su único refugio. Cada vez que estaba en crisis buscaba respuestas ahí. Pocos chicos de su edad entendían eso. Ni aun sus nuevos amigos participaban en tan extraño ritual.

Esta vez el trance era mucho más severo que nunca. No creía poder superarlo solo. Había leído, pero por episodios. Se desesperaba e interrumpía la lectura. Recordaba los momentos vividos y le invadía repentinamente la tristeza, la euforia, la ira...

Era curioso que Sheccid hubiera ocultado tanto tiempo lo que sentía. No alcanzaba a comprenderlo. La admiraba y la desdeñaba por eso. La amaba y la odiaba... ¿Por qué no se lo dijo antes? En vez de gastar energía y tiempo precioso en riñas con Adolfo, podían haber disfrutado juntos su mutua compañía, su amor, su cercanía... ¿Cómo podía ser una mujer tan inteligente e ingenua a la vez...?

—¿En qué quedamos? —se reprendió—. Tú no eres nadie para enjuiciarla. Estás furioso con las circunstancias, pero no sabes lo que es cambiar de domicilio cuatro veces en dos años.

Sin embargo, el cosquilleo de que en todo eso había algo discordante hormigueaba en su cerebro a ratos. Sobre todo cuando le venían a la memoria algunas frases, como el comentario de Ariadne:

"Su familia se está desintegrando. Su madre es un poco esquizofrénica y su padre tiene una amante. No pelean por los bienes materiales sino por definir qué hijo se queda con quien."

Era extraño. Tal vez no conocía toda la verdad.

"Debí decírtelo antes, contándote una mentira; después de todo al final he tenido que hacer eso ni más ni menos."

Quizá viajaría, aunque prefirió ocultar su historia familiar... Pobre Sheccid. Al peregrinaje estaba acostumbrada, pero no al divorcio de sus padres.

Carlos miró los libros que estaban sobre la mesa. Era tarde y no quería irse sin alguna idea concreta. Tomó una hoja y comenzó a copiar los ejemplos y frases más contundentes del tema que había estado leyendo. Tituló el escrito "Condescendencia", pensando en cómo cualquier acto disparatado, aun el de Sheccid, que le había negado y se había negado a sí misma la dicha de vivir su amor, podía comprenderse, cuando se contaba con todos los elementos.

CONDESCENDENCIA

Acción y efecto de adaptarse por bondad al gusto y voluntad de otro.

Hay quienes sólo son tolerantes cuando los impulsa algún interés mezquino. Esto no se llama condescendencia sino conveniencia.

Cuentan de un joven judío que, al realizar un largo viaje en avión, le tocó sentarse junto a un anciano. El joven se mostró despectivo, altivo y grosero. En cuanto pudo, le solicitó a la azafata cambiarse de lugar; ella preguntó por qué y no tuvo reparo en contestar que el viejo de su derecha era insoportable, "tose y apesta". Al llegar a su destino el muchacho vio una gran comitiva de recibimiento; cientos de personas esperaban con ansia al anciano que resultó ser un gran maestro rabino. Entonces arrepentido de su actitud se acercó para pedirle perdón y solicitarle su bendición, pero él le contestó: "¿Rechazaste al anciano y te acercas al rabino? Lo siento, no puede ser bendecido quien no es condescendiente. Tendrás que pedir perdón a todos los ancianos del mundo."

Nadie puede saber si alguna vez necesitará a la persona que está despreciando. Decía Emerson: "Cada hombre que conozco —no importa su edad, su sexo, su religión, su raza— tiene algo superior a mí; por eso acepto a todos, los escucho y aprendo de ellos..."

Si el prójimo comete errores, si es torpe, débil o iracundo, no lo juzgues... Ignoras lo que es vivir en sus zapatos.

El momento presente es el mismo para todos, pero las emociones y circunstancias son siempre diferentes para cada individuo. A las siete de la mañana, en el mismo vagón del metro, una persona piensa en el examen que presentará, otra se dirige a la delegación para atender un problema legal, éste va a una oficina conflictiva, aquél de compras, el de más allá está de vacaciones, uno acaba de tener un hijo, otro sufrió recientemente una tragedia. En el mismo tiempo, cada uno vive historias diferentes. Es injusto enfadarse porque el vecino actúe de forma distinta. Los momentos son iguales, pero los mundos diferentes. Lo que hay en la cabeza y en el corazón de dos seres que comparten un espacio puede estar distanciado por miles de kilómetros.

Nadie tiene derecho a condenar.

*Un automovilista conducía con exceso de velocidad. Agredía a los demás tocando el claxon, encendiendo las luces, vociferando. En una estrecha avenida tuvo que maniobrar bruscamente para pasar, orillando a un auto compacto que estuvo a punto de accidentarse. El conductor del auto compacto era agresivo y venía armado. Se reincorporó al camino, alcanzó al otro, le cerró el paso y se bajó furioso. El conductor apremiado le gritaba que se quitara, le llamaba estorbo, le exigía con vehemencia que se hiciera a un lado. "¿Tienes mucha prisa?", le preguntó el del coche compacto, "pues será la última vez que corras tanto..." Entonces le dio un balazo y lo mató. Lo verdaderamente trágico y terrible de este **caso real** fue que el hombre con prisa llevaba a su hijo enfermo al hospital en el asiento de atrás...*

¿Quién eres tú para atreverte a juzgar y condenar?

¿Quieres que todos actúen igual, piensen igual, sientan lo mismo que tú? Entonces eres un patán egocéntrico sin un dedo de frente. La conducta inexplicable de otros siempre es explicable. El intolerante termina convirtiéndose en transgresor, injusto, criminal, fanático.

Sólo el condescendiente construye.

*Un monje a punto de ser asesinado solicitó a su verdugo una última voluntad. "¿Ves la rama de aquel árbol?", le dijo. "Córtala con tu machete." El asesino obedeció y la rama cargada de flores cayó al suelo. El monje le pidió entonces: "Ahora pégala para que vuelva a vivir y dé frutos." El criminal se quedó confundido sin poder cumplir la última voluntad del monje. Entonces éste se incorporó y le habló muy fuerte a la cara: "¡Piensas que eres poderoso porque destruyes y matas, pero eso cualquier necio puede hacerlo; escúchame bien, si quieres de verdad ser grande, **construye y salva...!**"*

Sólo el condescendiente salva.

Las relaciones de trabajo, familiares, humanas, son bendecidas cuando hay cerca alguien que comprende, alguien que ama, que ayuda y participa en los problemas de otro.

Las "crisis por sectores" son producto de una terrible falta de comprensión e interés de las personas más cercanas. No hay nada más trágico que vivir la crisis a solas. El padre de una familia pierde el empleo o se queda sin dinero y el "junior" sigue exigiendo igual, gastando igual; no se entera o no le importa la crisis de su padre. Del mismo modo ocurre cuando el joven tiene un problema grave: ha caído en drogas, amenazas, enfermedades venéreas o depresión y los padres continúan viajando, trabajando, inmersos en sus quehaceres, sin enterarse de la crisis del chico.

Las personas tenemos profunda necesidad de amor, pero escatimamos el que podemos dar. Somos entes sociales pero intolerantes. Queremos ser comprendidos pero no comprendemos. Deseamos que otros construyan y destruimos. Vemos la paja en el ojo del vecino e ignoramos la viga que tenemos en el nuestro. Sólo lograremos hacer de este mundo algo distinto cuando acabemos con el egoísmo y empecemos a servir, componer, edificar, proveer... Cuando respondamos al llamado intrínseco, que Dios sembró en lo más profundo de nuestro ser, de amar...

Terminó de escribir y se quedó pensativo por un largo rato. Amaba a Sheccid y no quería perderla. Si tenía problemas, deseaba ayudarla, pero, ¿cómo comprender a alguien que no se abre por completo?

Entonces se sintió nuevamente invadido por la extraña combinación de ira, depresión y miedo... Necesitaba verla una vez más. Era viernes. Si el domingo se iba, tenían todo el sábado para estar juntos.

Entregó los libros y salió del edificio decidido a buscarla. Tenía las monedas justas para subirse a un microbús e ir al domicilio de Sheccid. No le avisó a sus padres. Prefería que lo imaginaran estudiando en la biblioteca.

Cuando llegó, tocó el timbre sin dudarlo.

Sobó sus manos emocionado, nervioso, tenso.

Nadie abrió. Volvió a tocar y el resultado fue el mismo. Lo intentó por tercera vez golpeando ahora la puerta metálica con una piedra. No obtuvo respuesta. Siguió llamando sin éxito. La casa estaba vacía. Se sentó en la acera. Comenzaba a oscurecer. Esperaría ahí el tiempo que fuera necesario.

La calle se mantuvo en silencio las siguientes dos horas.

Era de noche ya. Se disponía a retirarse cuando vio que una joven alta y bella se detuvo ante la puerta para tocar el timbre. La miró esperanzado. Ella reparó en él y lo saludó con un gran aspaviento.

—¡Carlos! ¡Qué sorpresa!

Se quedó mirándola sin reaccionar.

—¿No me reconoces? ¡Mi cielo! ¿Cómo es posible? Nos enamoramos locamente el día que declamaste por primera vez.

—Cla... claro.

Frida.

Ella extendió la mano y al momento de saludar lo atrajo para darle un beso en la mejilla. Lo recibió con reciprocidad. Se lo esperaba. Para Frida las cosas no habían cambiado mucho.

—¿Qué hacías sentado en la banqueta?

—Esperaba a alguien que vive en esta casa.

—¿En *ésta*...?

—Sí...

—Yo también venía a ver a una persona aquí... —se acercó a la puerta para tocar el timbre de nuevo.

—No hay nadie. Llevo más de dos horas en este sitio.

La muchacha pareció preocupada.

—¿Sabes dónde pueden estar?

—No —la observó con suspicacia—. ¿Tú eres amiga de un joven alto, rubio, de nariz aguileña, rapado como militar?

—Qué descripción más precisa... Sí... ¿Y tú?

—Yo soy amigo de su hermana. ¿Qué te parece? Apenas nos dejamos de ver unos meses, ambos caemos en infidelidad y venimos a encontrarnos en la misma dirección, buscando a nuestros respectivos "amantes" que, para colmo, resultan ser hermanos.

—Qué tino, ¿verdad? —rió ligeramente azarada. Carlos había cambiado mucho en esos meses. Ya no era tan fácil jugar con él a la clandestina relación conyugal.

—Frida. La hermana de Samuel se despidió de mí hoy porque se van mudar para siempre a otro país.

—¿Eso te dijo?

—Sí. Por motivos de trabajo se cambiarán de casa. Pero me han llegado rumores de que se van, no por trabajo, sino porque los papás piensan divorciarse...

—¿Divorciarse? —Frida movió la cabeza negativamente—. No puede ser. Yo he visitado a la familia varias veces y, la verdad, sus padres se adoran.

—¿En serio?

—Sí. La información que yo tengo es muy diferente.

—¿Cuál es?

—Que... tu amiga... se irá como interna a una institución donde estudiarán su caso. Tiene problemas de salud. Se va sola. Por el momento. Sus padres y su hermano la alcanzarán después.

Siguieron conversando, pero Carlos, lejos de tranquilizarse, se sintió sumamente preocupado. Intercambiaron teléfonos y se despidieron. Ella se olvidó de bromear respecto de su amor por él. Él no se lo recordó.

Al regresar a casa recibió un regaño por haber llegado tan tarde. La reprimenda fue muy severa, pero a todo dijo que sí, con la cabeza baja, sin protestar ni escuchar. Aunque ya era muy noche marcó el teléfono de Ariadne. Nadie contestó. Entró a su habitación y se puso de rodillas junto a la cama. Agradeció a Dios por todo lo que vivió durante el día y pidió por Sheccid. Su oración brotó de lo más profundo del corazón:

—Señor. Yo no sé muchas cosas, pero Tú sí. Dame la paz de entender que tienes el control de todo y que al final ella estará bien...

La pongo en tus manos para que la cuides donde quiera que vaya...
Tú, Dios mío, nos diste este amor. Algo tan grande, tan sublime, no
puede provenir de nosotros. Tienes que ser Tú el autor, así que perdóname si a partir de hoy todas las noches de mi vida me escuchas
orar por ella.

A la mañana siguiente, se levantó temprano y lavó los coches sin
que nadie se lo pidiera. Quería reconciliarse con sus padres por
haber llegado tan tarde sin avisarles.

Papá, al ver el gesto, los invitó a comprar plantas para la nueva
jardinera. Hubo gritos y saltos alegres de sus hermanos. Todos
deseaban adornar ese rincón de la casa.

Carlos participaba de la convivencia pero no hablaba. Necesitaba ver a Sheccid, verla antes de que partiera.

Estuvo distraído mientras compraron las plantas. Percibía apenas el entusiasmo de sus hermanos mientras escogían las que,
suponían, lucirían más.

Se apartó del bullicio. Se apartó a lo más solitario del invernade-
ro. La necesitaba a *ella* en este momento, estornudando y restregan-
do su piel en un mar de hojas ásperas. La necesitaba más que nunca,
porque más que nunca se sentía vacío, desamparado.

Su mente no paraba de recordar frases, momentos sueltos, como
en una continua búsqueda de pistas.

*"Si al mundo le quedaran veinticuatro horas de existencia,
todas las líneas de teléfono se saturarían de personas que llamarían a alguien para decirle 'perdóname' y 'te amo'."*

—¿Buscas algo?

Una empleada se acercó coqueta. Era más o menos de su edad.

—No, gracias.

—En este rincón sólo encontrarás follaje selvático —insistió—,
nada interesante. Si quieres te puedo mostrar árboles bellos.

—Necesito estar en medio de la espesura —contestó y agregó en un susurro—: Huyo de la policía...

La joven no supo si bromeaba, pero se retiró de inmediato comprendiendo que no era bienvenida.

A lo lejos escuchó que papá había elegido una flor que le encantaba a Pilar y que a Liliana le parecía una flor con cara de flor estúpida.

Recordó las sospechas de Ariadne:

"La situación de su casa es tan tensa que ella ha enfermado. Parece 'ida' y se desmaya con frecuencia. Por eso ha faltado a la escuela."

Comenzaron a llamarlo. Salió del encierro y caminó detrás de su familia. Llegaron al coche. Su padre abrió la cajuela. El mocoso que ayudaba arrojó los vegetales al interior y se sacudió las manos. Bien, ¿y su propina?

En el auto eludió todas las insinuaciones de por qué no los ayudó a elegir las plantas, se limitó a responder con frases cortas. Papá, ligeramente enfadado, dio por terminadas las indagaciones y encendió la radio.

"¿De que me sirve amarte tanto, Carlos, si te mienta o no te mienta sólo voy a significar sufrimientos para ti? ¿De qué me sirve amarte entonces?"

¿Por qué había dicho eso? ¿A qué se refería?

En la radio empezó una canción romántica. Mamá subió el volumen y Liliana se estiró desde el asiento trasero para subirlo más, hasta casi reventar las bocinas. Papá apagó el aparato y se inició una terrible discusión sobre si el cantante era o no homosexual.

Carlos iba hundido en sus elucubraciones. Muchas de las actitudes de Sheccid no concordaban con la versión de la mudanza pero sí con la de Frida. Antes de despedirse le comentó que la operarían de la rodilla...

—A Carlos le toca regar las plantas antes de colocarlas.

Un coro de gritos apoyó la propuesta. Estaba bien. Bajó pesadamente del auto, ayudó a cargar los retoños y comenzó a hacer lo que le exigían. Se sentía decaído, sin fuerzas... intranquilo por lo que pudiera llegar a saber, a ocurrir. Vio a través de la ventana que sus padres se abrazaban y se besaban. Cruzó por su mente la idea de hablar con ellos, pero la descartó. ¿Qué les diría? ¿Que estaba preocupado sin saber por qué y que deseaba ir a ver a una chica que no sabía dónde estaba?

Esa tarde compartió la apoteosis de dar vida a la nueva jardinera. Ayudó en silencio a sembrar las plantas. Papá puso música alegre y la convivencia hubiera sido extraordinaria de no haber sido por su actitud seria e introvertida que al principio molestó y terminó por preocupar a todos. Comieron campiranamente un pollo rostizado sin que nadie se atreviera a preguntarle qué rayos le pasaba.

Sus hermanos lo condenaron a barrer la tierra que se había derramado.

Comenzaba a oscurecer cuando escuchó el timbre del teléfono.

No supo qué hacer. Dejó caer la escoba sin decidirse a correr para contestar; después de todo seguramente no era para él. Aguzó el oído.

¿Mamá le estaba llamando?

Fue de inmediato a la cocina.

—¿Quién me habla?

—No sé. Es una chica.

El corazón se le contrajo.

—¿Hola?

—¿Sí?

—¿Eres tú, Frida?

—Sí.

Frida se escuchaba muy lejos. Le confesó haber llegado al fondo del asunto. Supo en qué hospital operaron a Sheccid y fue a verla.

Carlos se tapó el oído libre esforzándose por escuchar. Le pareció que Frida no era Frida. Por un momento creyó hablar con una persona desconocida. Sintió temor.

—Pero todo está bién, ¿no es así?

No la oyó contestar.

—¿Eres tú, Frida...? ¿Me escuchas?

—Sí —respondió con una voz muy débil—. La busqué en el edificio de ortopedia, como me dijiste. Pero no estaba ahí. Estaba en neurología.

—¿Qué? ¿Cómo?

—Carlos. Tienes que venir al hospital.

—Sí, pero no me dejes así. Dime que todo está bien, por favor.

—La operación fue de un tumor cerebral.

Su mano se aferró al auricular. Un mar de pensamientos terribles cayó sobre él. De pronto todas las piezas del rompecabezas encajaron y lo vio enlazado, monstruosamente enlazado.

El epitafio de Paty, recitado tan fuera de contexto por Sheccid tenía otro significado...

Bienaventurados los que me respetan y aman como soy y no como ellos quisieran que fuera.

Bienaventurados los que con su amor y sus cuidados me acompañaron en mi peregrinar al encuentro con Dios...

Cuando Frida le reveló todo, el impacto lo hizo balbucear cosas sin sentido.

Operaron a Sheccid a las diez de la mañana... y a estas horas de la tarde sus familiares estaban terminando ya los trámites para trasladar el cuerpo a la capilla.

—¡¿Murió?! —gritó sintiendo el tremendo estallido en sus entrañas. La conmoción absoluta y una horrible daga helada de marfil enterrándose en su cerebro.

—¡¿Qué dices?! ¡¡¡Por favor, Frida, NO PUEDE SER...!!!

—Yo hubiera preferido no decírtelo...

Vio su mano colgando el teléfono violentamente. Escondió la cara entre sus brazos soportando apenas la terrible presión en la cabeza. La respiración le faltó... sintió que se caía. Papá corrió a ayudarlo, pero no... Él no sabía que para su mal ya no habría nunca ninguna ayuda posible.

18

LA CARTA

En el vestíbulo de neurocirugía imperaba la confusión. Gente caminando con prisa, hombres llorando... Carlos entró corriendo con una desesperación inaudita, esperando que se tratara de un error. Caminó entre las personas. Cuando vio sola, de pie, al fondo del pasillo, a su entrañable amiga Ariadne, una gigantesca losa le cayó encima. Supo que no había error. Frida apareció en su camino. La ignoró. Llegó hasta la pecosa.

—Carlos... ¿Qué haces aquí? —le preguntó asustada—. Se suponía que no deberías...

A su lado algunas señoras se deshacían en llanto y gemían frases entrecortadas como "era apenas una niña", "estaba en la flor de la vida", "¿por qué tuvo que ocurrir?"

No había malos entendidos. Por segunda vez en esa semana Carlos y Ariadne se abrazaron, sin hablar, sin tratar de razonar, se dejaron llevar por la intensa pena que los embargaba. Ninguno podía hacer nada más que refugiarse en su mutuo cariño. Estar juntos era el único consuelo al que podían asirse.

—¿Pero qué pasó? —preguntó él—, ¿tú tenías conocimiento de esto? ¿Por qué no me avisaste?

—No —se defendió—, Sheccid no le dijo nada a nadie. Sabíamos que estaba enferma porque últimamente se desmayaba con frecuencia y faltaba a clases de una forma exagerada, pero argumentaba, tú lo sabes, otro tipo de problemas.

—¿Entonces cómo te enteraste, Ariadne?

—Ella misma me llamó ayer por la tarde.

—¿Y por qué no me habló a mí?

—Carlos, te amaba con toda el alma. Su única preocupación era que estuvieses bien, que no sufrieras, que la recordaras como estaba en aquel momento... En ese último beso.

—¿Te contó?

Asintió limpiándose la cara con el puño de su blusa.

—Y tú —preguntó ella—, ¿cómo supiste...?

—Me habló Frida.

—¿La novia de Samuel? ¡Qué grave error! No debió decírtelo la tonta. Sheccid sufrió tanto por ocultártelo.

—Pero no entiendo, Ariadne. ¿Por qué si a ti también te había ocultado todo, se arrepintió a última hora y te llamó?

—Ella presintió que tú podías llegar a saberlo. Me habló para darme una carta... para ti, Carlos.

—¿Pa... para mí?

—Me pidió que te la diera sólo si no salía de la operación y tú te enterabas.

—¿La traes contigo?

La sacó de su bolsa. Él casi se la arrebató. Una angustia insoportable le comprimió el alma sólo con tocar el sobre... Estaba en sus manos. Casi no podía creerlo. Nunca imaginó que se encontraría con algo así. Sintió que las lágrimas no iban a permitirle leer... Comenzó a abrirla con cuidado, como si se tratara de una ilusión de cristal que pudiera romperse a la primera caricia de sus manos. Extendió la hoja. Caminó al lugar más apartado que le fue posible y tomó asiento en una fría silla de hospital. Ariadne lo dejó solo. La carta comenzaba con versos de Juan de Dios Peza.

Viernes, 22 de noviembre.

Dicen que las mujeres sólo lloran
cuando quieren fingir hondos pesares;
los que tan falsa máxima atesoran,
muy torpes deben ser, o muy vulgares.
Si llegara mi llanto hasta la hoja
donde temblando está la mano mía,
para poder decirte mis congojas,
con lágrimas la carta escribiría.
Mas si el llanto es tan claro que no pinta
y hay que usar otra tinta más obscura,
la negra escogeré porque es la tinta
donde más se refleja mi amargura.
Aunque yo soy para soñar esquiva,
sé que para soñar nací despierta.
Me he sentido morir y aún estoy viva;
tengo ansias de vivir y ya estoy muerta.

Son las 4:30 p. m. La tarde fresca se mece afuera, ignorando por completo que existe alguien que la admira...

Cariño mío:
Desde que te amo y, a la vez, desde que sé que puedo dejar este mundo, he recibido con ansia cada mañana, con más ansia que nunca los ocasos, he respirado y vivido con más deseo que nadie los crepúsculos. Estos últimos días, cuando anochecía, salía al jardín y disfrutaba la paz de una vida que tal vez pronto conocería la otra paz... sentía el césped blando bajo mis pies descalzos y gozaba de esa última sensación de libertad.
Y te amaba y me gustaba estar sola para pensar en ti y recordar cómo muy poco a poco llegué a quererte: al principio me parecías un chico tonto y desubicado. No podía creer que fueras el maniático sexual de un auto rojo y me reía de ti. Conquistaste mi corazón

lentamente, con cada detalle; tu estilo me atrajo, tu personalidad, Carlos, me gustaba aunque me negara a aceptarlo.

Te cuento esto porque en el pasado nunca tuve la oportunidad de contarte nada y en el futuro tal vez tampoco la tenga.

Mi mamá pensó que yo era una chica muy madura y que, como tal, tenía derecho a saber lo de mi padecimiento. Era imprescindible una operación sumamente peligrosa en la cual había enormes riesgos de que perdiera la vida o el juicio. Fue así de sincera conmigo. Aprecio la confianza que me tuvo pero, ¿sabes cuándo me lo dijo? Yo hubiese reaccionado con más serenidad si me da la noticia unos días antes, ¡pero tuvo que ser exactamente la noche de cuando fuimos a comprar aquel libro!, el día en que estaba más locamente enamorada de ti y sentía el amor refulgente que despertaba en mí un sinfín de esperanzas y de alegrías. Lloré mucho esa noche y no porque fuera inmadura, sino porque me enfrentaba a la posible pérdida de toda una vida llena de anhelos e ilusiones, una vida que disfrutaba y amaba, sobre todo ahora que se había visto enormemente enriquecida por ti.

Lloré tanto aquella noche que me desmayé y tuve otro acceso respiratorio, como el de hoy. Mi padre, al enterarse de que mamá me había dicho la verdad, enloqueció de furia. Riñeron. Se insultaron los dos, se gritaron por mi causa. Me asusté tanto que tuve miedo de que se separaran. No le mentí a nadie, Carlos; lo de los problemas entre mis papás era cierto.

Comenzaron a realizarme estudios neurológicos muy complicados. Con frecuencia me dolía la cabeza y me desmayaba. Por eso falté tanto a clases. Me aislé de mis amigas y te rechacé a ti, ¿verdad que me entiendes?, me hundí en el silencio de mis pensamientos tratando de hallar la forma de demostrarte mi inmenso amor sin que te ocasionara sufrimientos después… Te necesitaba, Carlos, por eso cuando me hablabas de tu cariño procuraba no mirarte a la cara, tenía miedo de delatar con los ojos lo que sentía con tanta intensidad.

Los desacuerdos no terminaron en casa y cada vez se hacía más tirante la relación entre mis padres. Estoy segura de que mucho influyó también el dolor, el desequilibrio emocional surgido de saber que tal vez perderían a su hija. Todo siguió así hasta que un día llegué con una caja de chocolates y un poema. "Quiero ser en tu vida" (traté de aparentar frente a ti que no era importante lo que me dabas, me comporté grosera incluso, estaba muy confundida, no sabía cómo tratarte, pero en cuanto te fuiste regresé por mi regalo y mi poema). Esa misma noche, cuando mamá tejía y papá leía el periódico, me eché a sus pies y rompí a llorar abrazando la caja que tú me habías obsequiado, entonces mis padres comprendieron el porqué de mi tristeza. Les hablé de ti. Del enorme amor que me inspirabas. Ellos me ayudaron a decidir que no debía decirte la verdad y a partir de entonces se reconciliaron y comenzaron a ser muy cariñosos conmigo otra vez. Tanto influiste en el pensamiento de mis padres que han decidido gastar todo su capital en un viaje para mí. Si la operación sale bien, realizaremos el viaje en cuanto me den de alta y después me quedaré en una ciudad en la que hay un hospital especializado en problemas como el mío. Si la operación sale mal, perderé la vida o quedaré afectada de mis facultades mentales.

Como ves, las tres opciones te excluyen de mi futuro.

*Por eso tengo que despedirme de ti, pero no quiero hacerlo sin antes comentarte una experiencia que me ha ayudado mucho y que tal vez sea lo único que pueda ayudarte si esta carta llega a tus manos. Verás. En los últimos días hemos ido a platicar con un consejero espiritual. Nos ha transmitido una gran paz. Especialmente a mí… He conocido al Hijo de Dios vivo y ha sido una experiencia única. Siempre me hablaron de Él como de un Ser triunfante y victorioso, pero ahora lo he visto lastimado, torturado injustamente, humillado por amor, y he comprendido que **la enfermedad no proviene de Dios, que el dolor pertenece a este mundo y forma parte de la condición imperfecta del hombre**. Carlos, por favor, abre tu mente e intenta asimilar esto. Es, de verdad, el mejor regalo que puedo darte antes de partir. Fue para mí un motivo de gran paz el saber que **Dios mismo es quien se acerca a mí, que Él es quien me busca y me llama por mi nombre. Los seres humanos somos tan*** *pequeños, limitados e insignificantes que nos resultaría prácticamente imposible llegar a Él con nuestras propias fuerzas, pero cuando entendemos que Él, en su infinita bondad, baja hasta nosotros para tendernos la mano, las cosas cambian. Al aceptarlo abiertamente nos convertimos en sus hijos, en sus herederos. Yo no sabía eso y naturalmente me desmoronaba fácilmente ante la adversidad. Siempre tuve mucha fe, pero en cosas equivocadas. Era como aquella persona que necesitaba cruzar a pie un río congelado y tenía muchísima fe en que el suelo soportaría su peso, pero no sabía que el hielo era delgado y frágil, así que cuando comenzó a caminar se rompió, cayó al agua y se ahogó. Otra persona, río arriba, también necesitaba cruzar, pero a diferencia de la primera tenía mucho miedo, casi nada de fe, apenas la suficiente —como un grano de mostaza— para caminar titubeando, temerosa, por el piso congelado, pero como apoyaba sus pies sobre hielo duro y grueso logró pasar sin problemas. La fe por sí misma no sirve para nada. Lo importante es EN QUIÉN se deposita esa fe. Yo tenía fe en cosas equivocadas: horóscopos, colores, piedras, cristales, amuletos. Por eso estuve vacía interiormente. Hoy el Señor es mi fortaleza y todo ha cambiado, créeme. Me siento con energía para afrontar lo que tenga que pasar. Déjate tocar por Él. Déjate conducir por Él. Un violín Stradivarius será una creación perfecta pero no produce hermosos sonidos por sí solo. Únicamente el verdadero maestro puede hacer que un violín, aun rústico y corriente, emita melodías preciosas.*

Carlos, cuando mi cuerpo se haya borrado de la historia, quedarás tú, con tu cuerpo y tu vida. Quiero que hagas de tu vida algo muy grande, que realices tanto tus propios proyectos como los míos. No sabes cómo me duele no poder ser tu amiga más importante, tu compañera de vida, tu ayuda idónea..., pero te bendigo en tu caminar hacia la cumbre pidiéndote que te abandones en manos de Dios y exigiéndote con infinito amor que, cuando triunfes, le brindes a Él toda la gloria y la honra...

No quiero llorar, pero tal parece que otra vez empieza a derrotarme la tristeza. Te fui siempre fiel, créeme, te amé sólo a ti;

nunca hubiese sido capaz de cruzar una palabra siquiera con alguien como Adolfo en otras condiciones, pero debía hallar la forma de que me olvidaras y vivieras tu vida.

¡Cómo me gustaría tenerte cerca de mí durante la operación!

Dentro de unos minutos me internarán y, de verdad, querría escuchar tu voz, sentirme acariciada por tu mano y despedirme con otro beso tuyo... Soy tan débil... que he comenzado a llorar de nuevo, pero no por tristeza. De veras. Lloro porque Dios me permitió el gozo de encontrarte antes de partir, por la alegría que me has dado con tu amor, con tus palabras, con tu abrazo, con tu beso... Por la alegría de un gran cariño hacia ti y de la certeza del amor del Señor en nuestras vidas. Te amo con toda el alma, y así, espero que este papel nunca llegue a tus manos, pero si llegara, sería expresamente para agradecerte que me enseñaras a amar, a apreciar el sol de cada mañana, a respirar y a vivir con ansia cada alborada, a sentir el césped bajo mis pies descalzos y a gozar de esas últimas sensaciones de libertad.

Tu novia eternamente.

Sheccid.

19

LA FUERZA DE SHECCID

Aparto la pluma del papel y miro el montón de hojas que he escrito. Afuera está lloviendo. Giro el sillón para contemplar el jardín. Me conmueve descubrir una pareja de golondrinas cobijándose del agua entre el ramal de la bugambilia. Hay nubarrones negros que se hablan con centelleantes palabras, pero no es eso lo que ven mis ojos; es el espíritu de alguien que Dios no quiso que estuviera conmigo en vida.

He pasado tantas horas sin dormir que estoy exhausto. Percibo sobre mí las rocas enormes del derrumbe, del desplome de la montaña que felizmente creí escalar. Al fin comprendo que jamás superaré el escollo solo. La fuerza de Sheccid me condujo hasta EL ÚNICO que puede rescatarme. Tomo un libro de poemas y copio a Lope de Vega conmovido:

¿Qué tengo yo que mi amistad procuras?
¿Qué interés se te sigue, Jesús mío,
que a mi puerta, cubierto de rocío,
pasas las noches del invierno oscuras?

¡Oh, cuánto fueron mis entrañas duras,
pues no te abrí! ¡Qué extraño desvarío,

si de mi ingratitud el hielo frío
secó las llagas de tus plantas puras!

Cuántas veces el ángel me decía:
—¡Alma, asómate ahora a la ventana,
verás con cuánto amor llamar porfía!

Y cuántas, hermosura soberana:
—Mañana le abriremos —respondía,
para lo mismo responder mañana.

Siempre me consideré creyente, pero tenía mi fe puesta en hielo frágil.

Dejo caer la pluma que rueda hasta perderse debajo del aparato de sonido.

Me pongo de pie y comienzo a hablarle al Señor:

—Padre bueno. Estoy muy dolido. Hoy quiero aprender a caminar de tu mano. Sé que sólo Tú puedes consolarme. Ven. Abrázame. Dios mío, soy como un bebé indefenso en medio de la selva. No entiendo lo que me pasa, pero Tú sí. Me creaste con un propósito y no sé cómo cumplirlo; me diste un "paquete" de dones que no sé usar; depositaste en mí tu confianza y no quiero decepcionarte. Rescátame, por favor. Soy un inútil, pero en tus manos seré útil. Soy una víctima, pero Tú me harás triunfador. Soy una molécula de agua sucia, pero junto a Ti, que eres el mar, seré parte del océano. Hoy renuncio para siempre a horóscopos, colores, piedras, cristales y amuletos. Te entrego totalmente mi vida. Es una decisión absoluta, no religiosa sino personal, no de forma sino de fondo, no de palabras sino de corazón...

Cuando acabo de hablar, comienzo a respirar un viento nuevo, un aliento de esperanza y paz profunda.

Tomo el legajo recientemente escrito y lo reviso. He extractado veinte leyes que aprendí en esta etapa. Debo resumir el resto para tener el sistema de vectores completo. Empiezo a escribir:

21. **"El cuerpo estorba"**: *Nos hace adictos a los placeres de los cinco sentidos, nos produce terribles molestias cuando enferma, nos impide ver el espíritu de los demás y nos confunde en el amor al hacernos admirar el físico.*

22. El **"síndrome del fin del mundo"**: *Es decir "te amo" y "perdóname" cuando es demasiado tarde. Bienaventurados quienes respetan y quieren no sólo a los suyos, sino a todos los ancianos, enfermos y niños que conocen.*

23. **La mayor virtud es "la condescendencia"**: *En el mismo espacio y tiempo cada persona vive circunstancias diferentes. La conducta inexplicable de otros siempre es explicable. El intolerante termina volviéndose injusto, criminal, fanático.*

24. **La falta de interés produce "crisis por sectores"**: *Alguien cercano sufre y no nos damos cuenta. Sufrimos y las personas cercanas no se percatan. Tenemos profunda necesidad de amor pero escatimamos el que podemos dar.*

25. **"Ley de la Fe"**: *Es Dios quien desciende a nosotros para darnos su amor. Al aceptarlo, se convierte en nuestra fortaleza y nosotros en sus hijos y herederos. Sólo la Fe en Él es útil.*

Miro las últimas cinco leyes. Luego busco las primeras veinte. Las reúno, las agrupo en cinco grandes vectores, recorto un detalle de cierta pintura clásica que representa para mí el drama de un amor imposible enmedio de la lucha entre el bien y el mal, y hago un sistema de fuerzas resumiendo las reglas más importantes de mi vida.

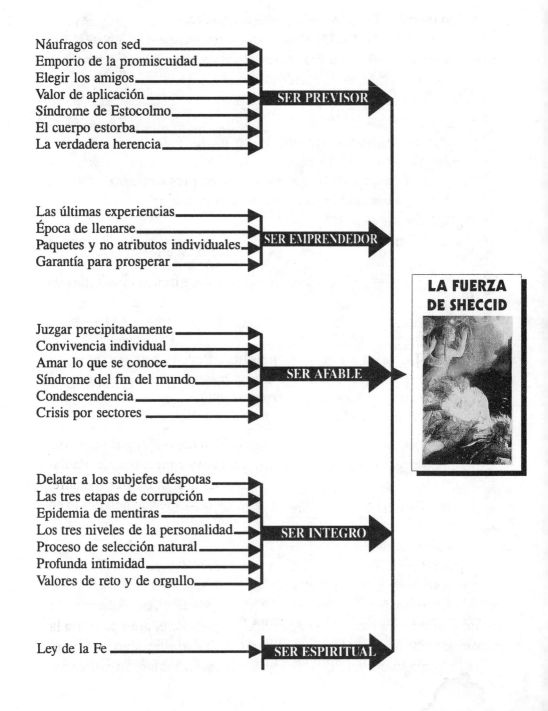

Náufragos con sed
Emporio de la promiscuidad
Elegir los amigos
Valor de aplicación
Síndrome de Estocolmo
El cuerpo estorba
La verdadera herencia

SER PREVISOR

Las últimas experiencias
Época de llenarse
Paquetes y no atributos individuales
Garantía para prosperar

SER EMPRENDEDOR

LA FUERZA DE SHECCID

Juzgar precipitadamente
Convivencia individual
Amar lo que se conoce
Síndrome del fin del mundo
Condescendencia
Crisis por sectores

SER AFABLE

Delatar a los subjefes déspotas
Las tres etapas de corrupción
Epidemia de mentiras
Los tres niveles de la personalidad
Proceso de selección natural
Profunda intimidad
Valores de reto y de orgullo

SER INTEGRO

Ley de la Fe

SER ESPIRITUAL

Salgo de mi habitación y saludo a mi madre.

Al verme, da un respingo asustada. Interrumpe sus labores y se acerca a mí lentamente, con la boca abierta y el gesto expectante.

—¿Carlos, estás bien? ¿Puedes oírme?

—Sí —contesto—. Me siento muy bien.

Se pone histérica. Me abraza llorando.

—¡Gracias! ¡Gracias, Dios mío!

—¿Qué te pasa, mamá?

Se aparta incrédula para contemplarme de pies a cabeza.

—¿Puedes recordar? ¿De verdad te sientes mejor?

—¿Por qué me preguntas eso?

—A ver —me conduce al sillón de la sala muy despacio como si estuviese volviendo a enseñarme a caminar—. Siéntate. Háblame. Dime de qué te acuerdas. ¿Qué ha pasado los últimos cinco días en esta casa?

—Doctores.

—¿Qué más?

—Sheccid...

—No, no. Veamos. ¿Recuerdas qué ocurrió la última vez que fuiste a la escuela?

—Sí... Me despedí de ella.

—Carlos, ¿estás bien? Haz un esfuerzo. No fue eso lo que ocurrió...

Siento una terrible jaqueca. Bajo la cara para concentrarme. Paulatinamente se descorre el velo. Agarro con fuerza el brazo de mi madre. Estoy temblando. Sudando. Poco a poco las cosas se van aclarando en mi memoria.

—La pelea colectiva. La fiesta negra...

—¡Exacto! Llegaste muy feliz a mediodía. Platicaste sobre cómo saliste ileso de un pleito de pandillas, sobre cómo recibiste el apoyo de todos tus compañeros. Entonces te llamó por teléfono Ariadne. Te invitó a una fiesta en casa de Sheccid. Me pediste el auto para ir a la reunión. Cuando regresaste ya no eras el mismo, estabas enfermo. Dijiste algunas incoherencias. Luego te negaste a hablar. Tu padre y yo llegamos a la conclusión de que te habían dado un golpe o algún tipo de droga... Pero los estudios no revelaron nada.

—Sí... —permanezco pensativo.

Después de la fiesta, me sentí empujado por una fuerza enorme. La fuerza de una explosión interna; de una metamorfosis incontenible: **La fuerza de Sheccid** que me impulsaba a crecer, a ser hombre. Tomé la libreta negra. La acaricié. *"C.C.S."* eran mis iniciales personales, las de mi diario, *Control Cronológico de Sentimientos,* y las de la empresa de un autor, *Conferencistas y Consultores en Superación...* Sentí el llamado de estudiar la conducta humana y desmenuzar el fenómeno de renovación que estaba ocurriéndome.

—¿Todos los adolescentes recibirían la **energía para crecer** a raíz de la experiencia dolorosa de un primer amor? —le pregunté a mi madre—. ¿Todos serían infundidos por la fuerza transformadora enorme, poderosa, de Sheccid?

—Sí... Creo que sí...

—¿Y esa fuerza que nos impulsa a ser mejores y nos lleva a volver la vista hacia Dios, puede convertirnos en algo perfectamente definido? ¿Algo como *un escritor*?

—Hijo, estás diciendo incoherencias otra vez.

—No, mamá. Sé perfectamente lo que digo. Después de aquella fiesta descubrí lo que quiero ser en la vida...

Se incorpora para entrar a mi cuarto. Va directamente al escritorio tratando de averiguar a qué me refiero. Hay hojas y libros por todos lados. Mi diagrama vectorial con el nombre de las veinticinco leyes pegado con tachuelas en la pared. Abre los cajones. Están llenos de papeles. Toma el legajo más voluminoso y se sienta a leer con el ceño fruncido.

Mientras lo hace reconstruyo, con gran pesar, en mi memoria, las escenas de aquella fiesta.

Manejé muy despacio, envuelto en un presentimiento aterrador.

Llegué al domicilio de Sheccid. Me sentía como un despreciable espía. Empezaba a oscurecer y la reunión había comenzado varias horas antes. Bajé del auto y caminé vigilando a mi alrededor, obsesionado por el pleito colectivo en el que estuve envuelto y preguntándome si algún día iba a poder volver a caminar por la calle sin el temor de ser emboscado por una pandilla.

Llegué a la casa indicada y dudé antes de entrar. Tenía la sospecha de que nada sería igual después.

Toqué la puerta.

Samuel me abrió. Estaba ebrio.

—¿Quién eres?

—Un amigo de tu hermana. Me dijeron que era tu cumpleaños. Vengo a felicitarte.

—¡Pasa! Todos los amigos de mi hermana son bienvenidos —le di un leve abrazo de parabién y estuvo a punto de caerse arrastrándome consigo—. Ven —continuó hipando—. La fiesta es en el patio de atrás.

Caminamos por un oscuro pasillo. Percibí un olor desagradable como si alguien estuviese cocinando comida para perros. Al fondo se escuchaba música estridente. Gente platicando a gritos y ruidosas carcajadas.

—En ese cuarto está mi mamá. Casi nunca sale. Tiene un problema —se tocó la sien con el dedo índice—, tú sabes.

La puerta estaba entreabierta, al pasar vi a una mujer de pelo canoso oscilando su cuerpo en una mecedora. Me miró, pero su vista pareció traspasarme. La señora estaba y a la vez no estaba ahí.

"Es un poco esquizofrénica", me habían dicho.

Seguimos hasta llegar al patio trasero.

—¿Quieres una cuba?

—No, gracias.

—¡Ah! Mira —nos acercamos a la barra de bebidas—. Te presento a mi papá y a su novia.

La singular pareja no hizo caso a la presentación. El hombre era un tipo alto, blanco, de barba cerrada y profundos ojos azules. La mujer era morena y joven. Estaban ebrios también y charlaban abrazados en gran jolgorio.

—¡Échate una cuba! —insistió Samuel.

—Prefiero esto.

Tomé un vaso limpio de la barra y me serví refresco. Un grupo de borrachos entonó una canción ranchera. Samuel se apartó de mí para unírseles.

Me moví hacia el rincón opuesto y tomé asiento junto a una enorme palma. Distinguí a la hermana de Samuel pero *ella* no me vio. A distancia la estudié. Vestía una minifalda blanca. Estaba feliz. Rodeada de hombres. Hablaba casi a gritos. En la mano izquierda detenía un vaso de licor y en la derecha un cigarrillo. Me tallé los ojos. ¿Era mi princesa? ¿Fumando y tomando? Busqué con la vista a Adolfo o a algún compañero de la escuela. No. Eran desconocidos. Mayores de edad. *Ella* se acurrucó junto a uno de los hombres, quien la recibió contento y comenzó a acariciarle las piernas.

"Los pretendientes van y vienen —me dijo cuando le presté mi diario—. Son todos iguales".

Se veía muy hermosa, como siempre, pero esta vez el maquillaje que nunca antes le había visto usar le daba un aspecto excesivamente llamativo. Me sentí aturdido. ¿Qué era todo eso? De soslayo vi que el padre de Samuel se ponía de pie abrazando a su joven "novia" morena y se dirigía con ella al pasillo de las habitaciones.

Los rancheros dejaron de cantar cuando en las bocinas se escuchó música rock.

—¡Que baile Justina! —gritó una voz.

—Sí —corearon otros—, ¡que baile!

Para mi sorpresa la vi a *ella* ponerse de pie y dirigirse al centro del patio. Comenzó a contonearse sobándose muslos, cadera y pechos en una parodia absurda de baile sensual. Los borrachos aplaudían y la animaban a seguir.

Yo no podía concretar una idea clara ante lo que estaba viendo.

"Carlos, hay cosas de ella que no sabes... Por eso debes ir a la reunión de esta tarde. Dime, ¿tú amas a mi abuelita? ¿No?, pues

claro. ¡Nadie puede amar a quien no conoce! ¡Acércate a ella y conócela realmente, entra a su casa, platica con su hermano y con sus padres..."

La chica terminó el baile con un paso espectacular tirándose al piso.

—¡Bravo, Justina! —le aplaudió la concurrencia.

¿Justina? Yo no amaba a ninguna *Justina.* Yo amaba a *Sheccid.* A la princesa que había inspirado a un prisionero a salir del calabozo, a la princesa del cuento de mi abuelo que había despertado en mí los más altos ideales. Tal vez había un error y la chiflada que estaba frente a mí no era Sheccid...

"¡Exactamente!", me dije, "no lo es..."

Me sentí mareado, con nauseas. Una parte de mí estaba muriendo y otra mucho más poderosa estaba despertando. Era el borde de un abismo: **moría mi adolescencia, despertaba mi vocación de escritor**. Si no daba un salto *ahora,* terminaría en el fondo del barranco oscilando en una mecedora igual que la mamá de Samuel y de... Justina.

Mi madre interrumpe mis recuerdos al leer en voz alta el título de las cuatro secciones que escribí:

—"La pregunta definitiva", "Te extrañaré...", "¡No puede ser!", "La carta"... En estas hojas hay un relato impresionante. ¿Significa que durante estos días tú inventaste...?

—Sí —le impido concluir—. La historia de una etapa tan bella no podía terminar con aquella fiesta negra. En aras de mi salud mental, tenía que darle otro final. Un **"DESENLACE INEVITABLE"**. Mamá, todo lo que sabes de mí *ocurrió realmente,* menos lo que tienes en las manos.

"Cuando llegué de la reunión, me di cuenta de que mi amor por Sheccid era eterno, infinito, inmortal... Tan grande que tal vez sólo podía existir en un plano espiritual. Me sentí triste por ello.

"¡Es injusto, incorrecto, incoherente!, grité.

"Después tomé mi diario y, motivado por la fuerza transformadora de esa primera musa, comencé a redactar.

Sheccid:

He comprendido que formas parte de mí.

Sé que tal vez nunca estarás tangiblemente a mi lado, pero también sé que nunca te irás.

Eres el aire, el cielo, el agua, eres la sed de cariño que el Creador sembró en mi corazón.

Eres la definición del amor, aunque jamás haya podido definirse ni pueda hacerse nunca: definir es limitar y el amor no tiene límites.

La fuerza motivadora de tu esencia me ha transformado en una persona distinta.

Cuando vea una golondrina cobijándose de la lluvia entre el ramal de la bugambilia te veré a ti.

Cuando presencie una puesta de sol te recordaré...

Cuando mire las gotas de rocío deslizándose en mi ventana te estaré mirando a ti.

No podrás irte nunca. No te dejaré.

Eres mi novia eternamente.

Todo lo que brote de mi pluma habrá tenido tu origen.

Y daré gracias a Dios.

Porque después de todo he comprendido
que no se goza bien de lo gozado
sino después de haberlo padecido

Porque después de todo he comprobado
que lo que tiene el árbol de florido
vive de lo que tiene sepultado.

C. C. S.